예수님께서 가르쳐주신

어명기도

예수님께서 가르쳐주신
어명기도

이방석 지음
강이석 만듦

초판 1쇄 발행 2006년 6월 25일
개정 1쇄 발행 2014년 1월 10일
발행처　　도서출판 세줄(등록번호 2-4000)
　　　　　서울시 중구 인현동 1가 115-1
　　　　　☎ 02)2265-3749
총　판　　선교횃불 ☎ 02)2203-2739
　　　　　FAX. 2203-2738

저자 연락처(미국)
3263 Jack Ruussell Run,
Lilburn, GA 30047, USA
Tel (770)564-0260   Fax (770)982-0110
KingdomizerUsa@gmail.com
www.kingsDivinitySchool.org
www.RiseUpNations.org

값 9,000 원
ISBN 978-89-92211-82-6   03230

예수님께서 가르쳐주신

어명기도

이방석 목사

도서출판 세줄

나의 신앙과 삶

저는 8살 때, 구원을 받았습니다. 지금도 아주 선명하게 떠올릴 수 있습니다. 그때, 구원을 확신하면서 성령세례까지 같이 받았습니다. 사실 구원과 성령세례는 동시에 일어날 수 있고, 또 구분되어 일어날 수도 있습니다. 이것은 성경을 숙고해 볼 때 논란의 여지가 없습니다. 사도행전을 보면 구원받은 예수님의 제자들이 마가의 다락방에서 기도하고 있을 때 성령의 세례를 받았습니다.

이 사건은 구원과 성령세례가 동시에 일어난 사건이 아니라, 구원받은 다음에 성령세례를 받은 사건입니다. 성령세례와 관련해서 예수님이 성령세례를 주시는 분임을, 다시 말해 예수님께서 성령을 우리에게 부어주시는 분임을 성경을 통해 명백히 알 수 있습니다. 따라서 예수님은 세례 요한 같이 '세례 예수'라고 할 수 있습니다. "나는 너희에게 물로 세례를 주었거니와 그는 성령으로 너희에게 세례를 주시리라."(막 1:8) 그래서 물세례를 주는 요한을 세례 요한이라고 부르듯이 예수님도 성령세례를 주심으로 세례 예수라 부를 수 있습니다.

이렇게 성령의 세례가 구원과 다른 때에 주어질 수도 있고 동시에 두 가지가 다 일어날 수도 있습니다. 사도행전을 보면 구원과 성령세례가 동시에 일어난 예를 볼 수 있습니다.

저에게는 두 번째 경우인 구원과 성령세례가 함께 임했고, 구원받고 예수님을 영접한 날에 방언 기도를 하기 시작했습니다. 제 성격은 완전히 변했고, 그 때부터 전도하기 시작해서 1년에 30명 이상씩을 전도했습니다. 예수님을 믿기 전에는 성격이 거친 개구장이었는데 하나님으로부터 은혜를 받은 후에는 부드럽고 온순하게 완전히 변화되었습니다.

제 스스로도 마음이 착해진 것을 체감하고는 놀라지 않을 수가 없었습니다. 실제로 그 뒤로는 친구들과 싸움을 해본 적이 없고, 여호와의 신이 임하면 새 사람이 된다는 것을 문자적으로 체험했습니다. 확신하건대, 누구든지 성경에 기록된 하나님의 약속을 믿는 그대로 문자적으로 그에게 이루어지게 됩니다. 하나님의 약속은 예수 안에서 '예'만 되기 때문입니다(고후 1:19).

그 후로부터 기도생활을 지속하기 시작했습니다. 연필이 없으면 연필을 달라고 기도했고, 노트가 없으면 노트를 달라고 기도했습니다.

하나님은 저의 이런 기도에 수도 없이 응답해 주셨습니다. 당시의 기도는 하루에 잠간씩, 틈나는 시간에 조금씩 기도한 것이 아닙니다. 집안 사정이 너무너무 가난해서 기도를 많이 할 수 밖에 없었습니다. 먹을 것이 없으면 허기진 배를 안고, 라면 한 개라도 달라고 구했습니다. 지금도 그 때의 모습을 회상하면 머릿속에 선명하게 떠오릅니다. 어린 나이에도 하루에 1시간 내지, 1시간 30분씩 기도했습니다. 사실, 하나님이 몰아세우시니까 그렇게 했지, 어린 제가 무엇을 할 수 있었겠습니까? 당시, 저에게는 주님만이 낙이었고 다른 것을 꿈꾼다는 것은 사치에 불과했습니다. 그때, 눈만 감으면 하나님의 위로가 넘치고 성령의 생수가 문자 그대로 뱃속에서 흘러나오는 것을 느꼈습니다.

10년이 지나서 1976년, 제가 서울신학대학교 2학년에 재학 중일 때, 두 번째로 성령의 깊은 체험을 하게 되었습니다. 그때부터 하나님이 직접 제게 말씀하시기 시작하셨습니다. 저는 그때까지 사람이 하나님의 음성을 듣는다는 것은 도저히 믿을 수 없는 불가능한 것이라고 여겼습니다. 보통 장로교나 감리교와 성결교 등 대부분의 교단들은 성경 외에 '사람이 하늘의 음성을 듣는다'는 것은 이단적인 요소를 가지고 있다고 믿음으로써 이를 아주 도외시하는 상황이었습니다. 때문에 사람이 하나님의 음성을 듣는다는 것 자체를 굉장히 좋지 않게 생각하는 그런 풍토 속에서 1976년도에 직접 하나님께서 말씀을 하시기 시작한 것입니다.

그런데 1977년까지의 10년간의 기도생활을 되돌아보면, 무엇보다도 방언기도를 많이 했습니다. 그냥 우리말로 기도하면 기도할 내용이 많지 않아서 십 분 이상을 기도할 수가 없었습니다. A, B, C, 기도제목을 정해놓고 기도한 다음에는 더 이상 기도할 내용이 없었는데 방언기도를 하면 성령이 말할 수 없는 탄식으로 제 속에서 기도하시니까 시간가는 줄도 모르고 기도했고 철야도 많이 했습니다. 철야만 아니라 금식도 많이 하고, 또 먹을 것이 너무 없어서 '굶식'도 많이 했습니다. 그러나 76년도의 성령 체험 이후에는 저의 기도는 그 성격이 완전히 달라졌습니다.

8세 때부터 18세 때까지, 제 기도생활은 내가 중심이 되어서 하나님이 나를 위해 존재 하시는 줄로 알았습니다. 그래서 "하나님 연필 주세요. 점심 주세요. 책 주세요. 등록금 주세요. 하나님! 주세요! 주세요!" 이렇게 10년 동안을 제 자신만을 위한 소원기도를 했습니다. 실제로 그 소원 기도에 대한 응답도 헤아릴 수 없이 많이 이루어졌었습니다. 그런데 주기도문을 통해서 제 기도가 본질적으로 달라지는 것을 느꼈습니다.

  주기도문을 통해서 올바로 깨닫기 전까지는 저의 기도에 대한 태도
는 내가 중심이고 내가 하나님의 능력을 받아서, 나쁘게 말하면 하나
님을 이용해서, 내 목적을 달성하는 것이었습니다. 그런데 주기도문
을 통하여 이제는 '내'가 아닌 '하나님'이 중심이 되었고, 내가 그 하
나님 주위를 도는 하나의 행성이 되어서 자연스럽게 궤도를 도는 존재
가 되었습니다. 과거에는 주님이 나를 위해 존재하는 것 같이 느꼈으
나 이제는 내가 주님을 위해 존재한다는 것을 알았습니다.

  과거에는 주님이 주시는 능력을 구했으나 이제는 주님을 구하게 되
었고, 과거에는 은사를 구했으나 이제는 은사 주시는 주님을 찾게 되
었습니다. 과거에는 신유를 구했으나 이제는 신유 주시는 주님을 구
하고, 과거에는 하나님을 이용했으나 이제는 하나님에게 사용되는 종
이 되었습니다.

  제 안에서 완전한 존재론적인 혁명이 일어났던 것입니다. 다시 말하
면, 과거에는 어린아이 같았습니다. 어린 아이는 마치 부모가 자기를
위해 존재하는 것 같이 생각합니다. 그래서 자기 뜻대로 되지 않으면

고집을 부리는 것입니다. 그러나 나이가 스무 살이 넘고 철이 들고 나면, 부모님이 나를 위해서 불철주야 고생한 것을 알게 됩니다. 비로소 부모님을 위해 헌신하게 되고 효도하는 것을 배우게 됩니다. 자기 고집만 내세우는 어린아이 단계에서 효심이 극심한 딸, 효심이 극심한 아들로 성장하게 됩니다. 이와 같이 신앙이 깊어지면, 효심이 극심한 하나님의 종이 되어야 합니다.

과거에, 금식과 철야기도를 참 많이 했습니다. 하나님이 제 기도를 안 들어주신다고 하면 '밥 안 먹어!' 하면서 금식기도에 돌입하고, 또 '잠 안 자!' 하면서 철야기도에 들어가곤 했습니다. 하나님의 멱살을 쥐고 끝까지 받아내려고 애를 썼습니다. 나한테 하나님이 딱 잡혔다 하면, 끝까지 받아내려는 떼쓰는 기도로 점철되었던 저의 기도생활이 예수님께서 명령하신 바로 이 주기도문을 통해서 어린 아이의 아집에서 벗어나, 주님이 시키시는 대로의 기도를 하게 된 것입니다.

그러면서 동시에 효심이 가득한 기도로 바뀌기 시작했습니다. 주기도문을 통해 제게 존재론적인 혁명이 일어난 것입니다. 이 기도의 혁명 속에서 저는 하나님과 동행하기 시작했고, 그렇게 20여 년의 세월이 지났습니다. 그래서 지금도 무시로 성령 안에서 주기도문을 합니다.

우리는 대체적으로 주기도문을 주문 외우듯이 하는 경향이 많습니다. 그래서 예배를 끝낼 때 "이제 주기도문으로 예배를 끝내겠습니다." 라고 하고는 "하늘에 계신 우리 아버지여…" 하면서 주문처럼 암송합니다. 우리가 확실하게 알 것은 주기도문은 달달 외워서 그냥 무의식적으로 하는 기도가 아니라 주님께서 명령하신 기도라는 것입니다. 왕이신 예수님께서 명령하신 기도이기 때문에 엄밀하게 말하면 주기도문은 "어명기도(御命祈禱)"입니다.

이것이 무슨 의미일까요? 예를 들어 보겠습니다. 미국 사람에게 '8.15' 라는 말은 특별한 의미가 없습니다. 아마 '8.15가 무엇입니까?' 라고 오히려 되물을 것입니다. 그건 미국 사람들이 8.15에 대한 역사적인 맥락이나 그 상황이 경험되지 않아서 그렇습니다. 그러니까 우리나라 사람들에게 의미 있다고 해서 미국사람에게도 의미가 있는 것은 아니라는 말입니다. 마찬가지로 이스라엘 사람들에게 의미 있는 것이 우리나라 사람에게는 아무런 의미가 없는 것도 있습니다.

이스라엘 사람에게는 '그리스도(Christ: 기름부음을 받은 자' 라는 뜻으로 구약에 장차 오실 메시야로 예언된 구세주)' 하면 그들의 영혼을 파고드는 의미를 가집니다. 지금으로부터 무려 3800년 전 야곱이 예언했던 그 왕(메시야). 모세가 예언했던 "하나님이 나와 같은 선지자, 왕을 일으켜 세울 것이라"(행

3:22) 또 미가가 예언했고, 스가랴, 다니엘 등 모두가 예언한 내용은 왕을 의미합니다.

야곱과 모세가 예언했던 왕이 이렇게 명령하고 있습니다. 우리말 성경에는 약하게 표현되어 있는데, 마태복음 6장 9절을 영어나 헬라어 원문으로 보면 '너희는 반드시 이렇게 기도하(*Ουτως ουν προσευχεσθε υμεις*, , This is how you should pray)' 고 하였습니다.

Ουτως : like this – 이같이

ουν : therefore – 그러므로

προσευχεσθε : should pray – 반드시 기도하라

υμεις : you – (인칭대명사) 너희들은

그러므로 '주기도문' 보다는 '어명기도' 라는 표현이 더 맞겠습니다. 이렇듯 어명기도란 왕이 이렇게 기도하라고 명령하신 것이기 때문에 반드시 그렇게 기도해야 된다는 말입니다.

주기도문을 목회하면서 사역에 접목시켜 보았습니다. 그 결과는 아주 놀라웠습니다. 예수님을 인생의 주님으로 믿은 지 6개월 만에 교회를 개척하는 사람이 나왔습니다. 안 믿어질 것입니다. 예수님의 제자들은 모두 1년 반부터 3년 동안 예수님과 동행했던 사람들입니다. 예

수님이 처음부터 12명을 데리고 다닌 것이 아닙니다. 처음 1년은 4명만 데리고 다니셨습니다. 그러니까 예수님 따라다닌 지 채 1년 6개월 정도밖에 안 되는 제자들도 있었습니다. 그들이 나가서 교회를 개척한 것입니다. 그들은 초신자가 아니었습니다. 예수님의 제자들은 예수님께 정통으로 배웠습니다. 정통으로 배우면 처음부터 완전히 깊숙이 들어가는 것입니다.

1987년에, LA에 세워진 킹더마이저 교회에서는 예수 믿은 지 6개월 만에 마약범들이 변하여 캠퍼스 교회를 두 개나 세웠습니다. 놀랍지 않습니까? 주기도문에 따른 하나님의 역사가 이렇게 일어나게 되었습니다. "너희는 이렇게 기도하라(You should pray like this)"하신대로, 주기도문에 따른 하나님의 역사가 이렇게 일어나게 되었습니다.

로마 가톨릭은 1500년의 역사 밖에 안 되었지만, 예루살렘교회를 모체로 한 그리스 정교회는 2000년 동안 계승된 것인데, 이 그리스 정교의 교회에 가면 이렇게 기도합니다. "빠떼르 헤몬 호 엔 토이스 우라노이스($\Pi\alpha\tau\epsilon\rho$ $\eta\mu\omega\nu$ o $\epsilon\nu$ $\tau o\iota\varsigma$ $o\nu\rho\alpha\nu o\iota\varsigma$, Our Father, which art in heaven)…." 그러면 성도들은 "아멘"합니다. 원래 구절구절마다 이렇게 합니다. 이렇게 주기도문을 낭송하면서 예배를 드리는 것입니다. 그러면 이제 주기도문을 통해서 하나님께서 우리에게 가르쳐 주시는 것을 나누어 보겠습니다.

헬레니즘과 헤브라이즘

앞에서 말했듯이 주기도문은 '어명기도' 입니다. 하나님이 세우신 그리스도(왕)께서 이렇게 기도하라고 명령했기 때문입니다. 우리의 왕! 예수 그리스도! 우리 인생의 주인이신 예수님이 그렇게 시키시니까 '아멘' 하는 것입니다.

인류에게는 사상사적으로 커다란 두 개의 뿌리가 있습니다. 하나는 그리스인들의 철학적 기풍에서 비롯된 '헬레니즘' 이고, 다른 하나는 유대인을 비롯해 동양에서 태동한 '헤브라이즘' 입니다.

헬레니즘은 인식론적으로 이해가 된 다음에 움직이는 것이지만, 아브라함으로부터 시작되어 4000년에 걸쳐 내려오는 헤브라이즘은 인식론적으로는 내가 미처 알지 못하고 갈 바를 알지 못하지만, 일단 순종하고 나아가면 순종 가운데서 하나님이 알게 해주실 줄을 믿는 것입니다. 헬레니즘과 헤브라이즘은 이렇게 서로가 근본적으로 다릅니다.

헬레니즘은 내가 알고 나가기 때문에 주체가 '나' 입니다. 내 행동의 주체가 나인 것입니다. 따라서 하나님을 믿어도 되고 안 믿어도 됩니다. 왜냐하면 행동의 주체가 자기이고 자기를 믿기 때문에, 하나님은 어디까지나 안 믿어도 되는 객체가 되는 것입니다.

반면에, 헤브라이즘은 비록 알지 못하지만 명령하신 분을 신뢰하기 때문에 순종합니다. "의인은 믿음으로 살리라"(합 2:4)이 말씀대로 헤브라이즘은 근본적으로 하나님을 믿어야만 가능합니다. 믿음으로 움직이는 것이 바로 헤브라이즘입니다. 인식론적으로 알지 못하나 하나님을 믿음으로 순종하는 것이 하나님과 갖게 되는 신뢰의 관계요, 이것이 바로 믿음입니다.

이와 같이 헤브라이즘은 처음부터 믿음의 차원입니다. 이 믿음은 자연발생적으로 형성되는 것이 절대 아닙니다. 하나님의 성령이 오셔야 생성되는 것입니다. 인간의 노력으로 비롯된 철학이나 연구활동이나 교육이나 윤리나 도를 수행하는 것으로는 절대 이루어질 수 없는 것입니다. 이것은 회개함으로 말미암아 성령이 내 속에 오셔서 계시하셔야만 가능합니다(행 2:38). •

그래서 예수님께서 "하나님 아버지, 옳소이다. 이것을 지혜로운 자들에게는 하나님께서 감추시고, 소자들과 어린 아이들에게 나타내심을 감사하나이다. 이것이 아버지의 뜻이니이다. 하나님 아버지, 아들 밖에는 아버지를 아는 자가 없고, 아들의 소원대로 계시하는 자 외에는 아버지를 아는 자가 없습니다."(눅 10:21~22) 라고 말씀한 것입니다.

이것은 여호와 하나님의 계시입니다. 하나님은 회개하고 순종하는 자에게 말씀해 주십니다. 엎드리고 회개하고 순종하면 하나님이 보여 주시는 것입니다. 그래서 하나님이 말씀하신 것을 순종하고 나아가는 것입니다. 비록 머리로는 이해하지 못해도 믿고 순종하면 하나님께서 보여 주십니다.

저도 주기도문이 무엇인지도 모르고 순종부터 했습니다. 순종을 하면서 20년 동안 더욱 깊이 알게 되었고 체득되어 왔습니다. 그래서 이렇게 주기도문을 성도들과 함께 나누기 위해서 20년을 준비했다고 해도 과언이 아닙니다. 제가 주기도문을 인식론적으로나 관념론적으로나 지식적으로만 논하려는 것이 아니라 완전히 나의 삶 속에서 체득되어 살아 있는 것으로 삶 속에서 증명된 것을 이야기 하려는 것입니다. 지금까지 저는 주기도문으로 기도하여 왔지만 앞으로도 계속할 것입니다. 나의 주님이신 예수님이 명령하신 대로 기도하려는 것입니다.

자아를 십자가에 못 박는 기도

주기도문의 문장은 아홉 개의 소절로 구성되어 있습니다. 그리고 아홉 개의 소절은 다시 네 가지 주제로 구분되어 있습니다. 아홉 개의 소절은 다음과 같습니다.

① 하늘에 계신 우리 아버지여(Our Father which art in heaven)

② 이름이 거룩히 여김을 받으시오며(Hallowed be thy name)

③ 나라이 임하옵시며(Thy kingdom come)

④ 뜻이 하늘에서 이루어진 것 같이 땅에서도 이루어지이다(Thy will be done in earth, as it is in heaven)

⑤ 오늘날 우리에게 일용할 양식을 주옵시고(Give us this day our daily bread)

⑥ 우리가 우리에게 죄 지은 자를 사하여준 것 같이 우리의 죄를 사하여 주옵시고(And forgive us our debts, as we forgive our debtors)

⑦ 우리를 시험에 들게 하지 마옵시고(And lead us not into temptation)

⑧ 다만 악에서 구하옵소서(but deliver us from evil)

⑨ 대개 나라와 권세와 영광이 아버지께 영원히 있사옵나이다. 아
멘(For thine is the kingdom, and the power, and the glory, for ever, Amen)

위의 간구의 소절 중에서 ⑤번에 보면, "오늘날 우리에게 일용할 양
식을 주옵시고"가 나옵니다. 우리는 일용할 오늘의 양식을 달라고 기
도해야 합니다. 이 말은 주기도문을 적어도 하루에 한 번 이상은 해야
한다는 것을 의미한다고 믿습니다. 왜냐하면 "사람이 떡으로만 살 것
이 아니요 하나님의 입으로 나오는 모든 말씀으로 살 것이라"(마 4:4)
는 말씀과 같이 영적 존재인 인간은 육신의 양식과 더불어 영의 양식
도 매일매일 필요하기 때문입니다. 저는 그것을 배웠습니다. 그래서
주기도문인 어명기도를 날마다 순종하기 위해 노력했습니다.

하루는 주기도문을 묵상하는데 하나님께서 제 마음 속에 인칭대명
사를 주의 깊게 보아야 한다는 감동을 주셨습니다. 인칭대명사가 무
엇입니까? 인칭대명사는 나(I), 나의(my), 나를(me), 너(you), 너의(your)같은
누군가를 지칭하는 것입니다. 특히 너(you)의 고어(古語)는 당신(thou), 당신
을(thy), 당신의(thee), 당신의 것(thine) 입니다. 그리고 be동사는 are 대신

art입니다.

그러면 주기도문에 사용된 인칭대명사에 대해서 알아보겠습니다. 한국말로 된 주기도문은 이에 대해서 자세히 나오지 않으므로 영어 주기도문을 가지고 알아보도록 하겠습니다. 아쉽게도 한글 개역성경은 언어특성상 영어성경 보다는 뜻이 명확하게 안 나와 있기 때문입니다.

첫째 줄에 보면 'Our Father which art in heaven' 에서는 'our' 입니다.

둘째는 'hallowed be thy' 에서는 'thy(your의 고어)' 가 나옵니다.

셋째는 'thy kingdom come' 에서는 'thy' 입니다.

넷째는 'Thy will be done in earth, as it is in heaven' 에서 'thy' 입니다.

다섯째는 'Give us this day our daily bread' 에서 'us, our' 이고, 여섯째는 'and forgive us our debts, as we forgive our debtors,' 에서 'us, our, we, our' 입니다.

일곱째는 'and lead us not into temptation' 에서 'us' 이고, 여덟째는 'deliver us from evil,' 에서 'us' 이며, 아홉째는 'for thine is the kingdom, and the power, and the glory, for ever. Amen.' 에서 'thine' 입니다.

각각의 절마다 인칭대명사가 없는 데가 없습니다. 인칭대명사 we, our, us가 있고, 그 다음에 thy, thine이 있습니다. 그러면 위의 인칭대명사 중 없는 것이 무엇입니까? 바로 나(I), 나의(my), 나를(me) 같은 1인칭이 없습니다. 이것은 굉장히 중요합니다.

제가, 이것을 가지고 하나님께 깨닫게 해 달라고 간절히 기도했었는데 그때 하나님이 주신 말씀은 "주기도문은 자아를 제거하는 기도다"라는 것이었습니다. 결국 주기도문은 자기를 비우고 그 비운 공간에 예수님으로 채우는 기도입니다.

주기도문에는 1인칭(I, my, me, mine)이 없습니다. 그런데 어린 아이들이 제일 많이 쓰는 말이 무엇입니까? '내 꺼야!' 입니다. 안 가르쳐 주어도 자기의 것을 지키기 위해 자연스럽게 싸움을 합니다. 이처럼 인간은 자기 것을 지키기 위해서 치열하게 싸움을 합니다. 자아 중심적인 세계관을 가질 수밖에 없는 것이 아담의 씨이고 땅의 씨입니다. 이런 자아 중심적인 세계관에 존재론적인 혁명이 일어나려면 즉, 세상말로 철이 들려면 시간이 걸립니다. 즉 우리의 기도에서 '1인칭(I, my, me, mine)'을 없애면 영적으로 깊어지기 시작하는 것입니다.

주기도문을 뭐라고 했습니까? 주기도문은 바로 '자아를 십자가에 못 박는 기도'입니다. 근본적으로 자기를 제거하는 기도입니다. 자기를 뽑아내고, 그 뽑아진 공간에 예수 그리스도가 들어오심으로 말미암아 이제는 내가 사는 것이 아니라 내 속에 그리스도가 살게 만드는 기도입니다.

이렇게 주기도문을 통해서 저는 나 중심적인 신앙에서 하나님 중심적인 신앙으로 바뀌게 되었습니다. 이것은 마치 예전에 지구인 나를 하나님인 태양이 돌고 있는 것으로 알고 있었지만, 이제는 지구인 내가 하나님인 태양을 중심으로 돌게 되는 것과 같습니다.

존재론적 혁명

이와 같이 나 중심적인 신앙에서 하나님 중심으로 바뀌는 것이 바로 존재론적인 혁명입니다. 우리 인류도 400년 전 만해도 상당히 미개했습니다. 유럽이건 아시아건 아프리카건 아메리카 인디언이건 다 미개한 것은 마찬가지였습니다. 다시 말하면 인류는 지구가 중심인 줄 알고 있었습니다.

지구가 중심이라고 생각하는 자아중심적인 우주관을 가질때, 인류는 지구의 끝을 낭떠러지로 생각했습니다. 또한 지구가 네모라고 생각했습니다. 그렇기 때문에 그 낭떠러지에 떨어져서 무저갱으로 떨어질까 봐, 가급적 바다나 산으로 모험을 하지 않았습니다. 그래서 이 대륙에서 저 대륙으로 한 번 여행을 하려면 일 년 이상이 걸렸습니다. 그 당시에, 교황이 징기스칸에게 선교사도 보내고 편지도 보냈지만 중간에서 다 유실되고 선교사는 거의 다 죽었습니다. 어느 한 소식이 지구 한 바퀴 돌려면 로마에서 중국 가는 데도 일 년이 넘게 걸렸던 것입니다.

그런데 인류가 지구가 중심이 아니라 태양이 중심임을 알고 나서부터, 태양 중심적으로 완전히 인식론의 혁명을 하고 나서부터는 지구는 이제 하나의 지구촌이 되었습니다. 교통의 발달과 인터넷으로 세계가 하나로 묶여지게 되었습니다. 미개한 인류가 지금 완전히 지구촌화된 인류가 된 것은 이러한 인식론의 혁명 때문입니다.

이야기를 좀 더 확장해 보겠습니다. 지구 중심적인 우주관은 아리스토텔레스의 우주관입니다. 아리스토텔레스의 우주관은 지구를 중심으로 7개의 천체층이 있다는 것입니다. 그리고 그 너머에 파라다이스, 즉 천국이 있습니다. 이집트의 프톨레미 왕조 때에 아리스토텔레스의 이론을 더 깊이 논리화시켜서 '지구중심설(천동설)'을 주장했습니다.

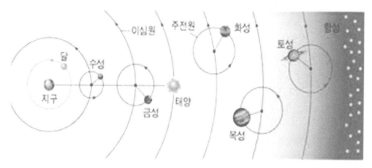

프톨레미마이오스의 우주관 - 천동설

코페르니쿠스(1473-1563)는 갈릴레이(1564-1642)보다 거의 100년 먼저 태어난 사람입니다. 망원경은 갈릴레이가 태어나기 바로 전에 발명되었기 때문에, 코페르니쿠스는 갈릴레이가 사용했던 망원경을 사용할 수 없었습니다. 그래서 그는 자기 집 문의 창호지를 뚫고 동그라미를 만들어서 그것으로 40년 동안 해와 달을 연구했습니다.

당시에, 코페르니쿠스의 신분은 신부였습니다. 하나님으로부터 특별히 성별된 신분인 사제였습니다. 그의 세 가지 모토는 가정에 충실, 목회에 충실, 그리고 하나님이 주신 과학에 충실히 하는 것이었습니다. 그는 신앙심이 깊었습니다. 하나님이 인류를 위해서 천체를 만드셨고, 지구가 인류를 위해서 돈다는 것을 증명해 냈습니다. 지구가 중심이 아니라는 것(태양중심설, 지동설)을 분명히 밝힌 것입니다.

　결과적으로 이것은 아리스토텔레스로부터 시작해서 내려온 2000년을 혁명하는 것이었습니다. 코페르니쿠스가 창호지에 구멍을 뚫어 놓고 40년을 연구했던 것이 헛되지 않아 우리가 이렇게 편안하게 되었습니다. 우리에게 돌아온 혜택을 위해 하나님의 종이 40년 동안 고생했던 것입니다. 우리에게 코페르니쿠스를 주신 하나님께 감사해야 합니다. 그러나 불행히도 코페르니쿠스는 이단이라는 정죄를 받았습니다. 그렇지만 그는 평생 가톨릭을 안 떠났습니다. 코페르니쿠스 사후 100년 후에 갈릴레이가 당시의 최신 발명품인 망원경으로 연구하여 지동설을 주장하였습니다. 그리고 케플러(1571-1630)가 태어났습니다. 그는 결정적으로 아리스토텔레스가 완전히 틀렸음을 증명하였습니다. 이렇게 해서 아리스토텔레스의 이론은 과학적으로 다 무너지게 되었습니다.
　아리스토텔레스는 이 지구가 중심일 뿐만 아니라, 헬라인들이 가장 완벽하다고 말하는 원을 그리며 천체가 돈다고 말했습니다. 하지만 지구가 도는데 원이 아니라 타원으로 돌고 속도도 변합니다. 태양으로 가까이 갈 때는 빨라지고, 멀어 질 때는 천천히 움직이게 됩니다. 당시 아리스토텔레스의 우주관을 기반으로 이루어진 신학과 철학도 우주관이 무너지게 되니까 다 무너지게 되었습니다.

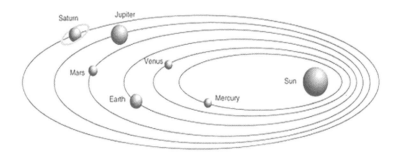

케플러의 우주관 : 태양중심설(heliocentricism, 지동설)

코페르니쿠스, 갈릴레이, 케플러, 뉴턴, 이 네 명의 하나님의 종들이 아리스토텔레스의 이 우매하고 미개한 이론을 완전히 깨버렸습니다. 그래서 지구 중심적일 때 미개했던 인류가 태양 중심적이 됨으로써 완전히 지구촌이 하나가 되는 놀라운 혁명을 이루었는데 그 근본 원인은 바로 인식론의 혁명에 있었습니다.

이와 같이 우주의 발견과 지구에 대한 인식론의 혁명은 인류에게 엄청난 존재론적 혁명을 가지고 왔습니다. 하물며 자아 중심적인 미개한 그리스도인의 삶에서 인식이 혁명되어서, 하나님이 나를 위해서 존재하는 것이 아니라 내가 하나님을 위해서 존재하는 것을 안다면 얼마나 놀라운 일이 생겨나겠습니까?

전에는 하나님께 자기 것만을 고집하는 고집쟁이로 기도해서 하나님으로부터 뭔가 뽑아내려는 그러한 미성숙한 어린 아이 신자였지만 이제 아버지의 심정을 알고 피 흘리는 그 아들을 인간이 희롱할 때 함께 우셨던 아버지의 심정을 우리가 이해할 수 있어야 할 것입니다. 아버지의 심정을 알고 효심이 가득한 자녀가 될 때, 우리의 내면으로부터 존재론적인 혁명이 일어나는 것입니다. 이는 하나님이 나를 중심으로 돌고 있다고 잘못 알고 있던 것을 하나님을 중심으로 내가 돈다는 것을 알게 되었던 것입니다.

분명코 사실은 변하지 않았습니다. 코페르니쿠스가 지구와 태양을 바꿔놓은 것입니까? 아니면 인식만 달라진 것입니까? 사실은 아무런 변함이 없었고 인류가 2000년 동안 거짓을 믿고 있었던 것에 불과합니다. 인류가 거짓을 사실이라고 믿고 있던 것을 사실이 비로소 사실로 받아들이는 인식만 바뀐 것입니다.

태양이 지구를 중심으로 돌고 있다고 믿는 것과 지구가 태양을 중심으로 돌고 있다고 믿는 것은 근본적으로 다릅니다. 저변의 믿음의 체계부터가 다릅니다. 지구가 둥글다는 사실과 보이지 않는 곳에 낭떠러지가 없다는 사실을 사실로 인식하게 되면서 인류의 모험이 비로소 시작되었습니다. 이제는 지구를 손바닥의 공같이 주무르게 된 것입니다. 인식론의 혁명이 이렇게 놀라운 결과를 가져옵니다.

우리 영적 세계에서도 마찬가지로 인식론의 혁명이 있어야 합니다. 자기중심으로 신앙생활 하던 것에서 완전히 돌이켜 하나님 중심적으로 살아갈 때, 우리는 완전히 혁명된 하나님의 백성들이 됩니다. 하나님과 나의 뜻이 연합함으로 또 하나님과 나의 열정이 연합함으로 하나님과 온전히 동행하게 되는 것입니다.

이럴 때, 비로소 하나님이 보이고 세계가 보이고 우주가 하나로 보이게 됩니다. 인류의 역사뿐만 아니라 우주의 역사를 일구어 가시는 하나님의 역사하심이 눈에 들어오게 되는 것입니다. 그때부터 하나님과 동행하면서 하나님이 일구시는 역사 전체, 다른 말로 하면 지구가 어떻게 돌아가는 지를 알게 됩니다.

한 때, 저는 하나님 앞에 큰 종이 되기를 바랐습니다. 큰 일하기를 원했고 내 뜻을 위해 금식도 많이 했습니다. 하지만 지금 저의 소망은 큰 종이 되기를 기뻐하지 않고 참 종이 되기를 바라며, 성도 한명을 위해서도 죽을 때까지 목숨 바치기를 원하며, 절대 내 뜻은 이루어지지 않고 하나님의 뜻만이 이루어지게 해 달라고 기도합니다.

그것은 제가 스스로 깨달은 그 무엇이 아닙니다. 왕이신 주님께서 명령한 이 어명기도에 순종하다 보니 존재론적인 혁명과 인식론의 혁명이 일어난 결과입니다. 이제 태양이신 예수 그리스도 중심으로 내가 돌기 시작했고 그러자 이 조그마한 두 눈에 세계가 보이고 민족의 흥망성쇠가 돌아가는 것이 보이고, 역사 돌아가는 것이 보이게 되었습니다. 그래서 역사의 방향과 역사의 움직임을 꿰뚫을 수 있는 통찰력을 얻게 되었습니다.

우리가 태양이신 하나님을 중심으로 돌아갈 때 우리 나라뿐만 아니라 열방이 어떻게 움직이는지 하나님이 행하시려고 하시는 것을 그 분의 종들에게 보여주십니다. 왜냐하면 이런 사람은 '여호와의 회의' 속에 들어가 있기 때문입니다. 예레미야와 미가가 외쳤습니다. '나는 여호와의 회의에 들어갔다!' (렘 23:18) 욥기에 나왔던 그 회의(욥 1:6~12), 온 세상이 앞으로 되어질 일들이 결정되어지는 여호와의 그 밀실로 인도

되는 것입니다.

주기도문의 인칭대명사 하나만 가지고도 우리가 순종할 때 존재론적인 혁명이 일어납니다. 우리의 기도에 '우리, 우리의, 우리를(we, our, us)'과 '당신, 당신의, 당신을, 당신의 것(thou, thee, thy, thine)'은 나와도, '나, 나의, 나를, 나의 것(I, my, me, mine)'이 우리 기도의 중심 주제가 되어서는 안 될 것입니다. 지금은 우리가 하나님을 중심으로 돌기 시작해야 할 때입니다.

이제, 예수님께서 가르쳐주신 기도를 통해 하나님 중심으로 새롭게 변화되는 우리 모두의 신앙이 되기를 간절히 기도합니다.

1장 § 아버지와의 관계

하늘에 계신 우리 아버지여

"Our Father which art in heaven"

하늘들(εν τοις ουρανοις : in heavens)

주기도문에서 첫 번째 줄은 "하늘에 계신 우리 아버지(Our Father which art in heaven.)"입니다. 이 구절을 정확하게 이해하기 위해서는 다시금 2,000년 전의 우주론으로 되돌아갈 필요가 있습니다. 지금 우리가 쓰고 있는 성경은 현대의 우주에 대한 지식을 바탕으로 씌어 진 것이 아니라 성경이 쓰여 질 당시의 우주론을 할 수 없이 용납한 상태에서 씌어졌기 때문입니다.

아리스토텔레스의 우주론은 토마스 아퀴나스에 의해서 가톨릭에 접목되었지만 원래 그것은 중세 가톨릭 교회의 잘못이 아닙니다. 출발점이었던 아리스토텔레스로부터 잘못되어 내려온 것입니다. 원래부터 그 천문학의 실수는 아리스토텔레스에 의해 주어진 것이었지 교회가 범한 것이 아닙니다.

교회 쪽에서 그 이론을 능가할 만한 학자가 나오지 못했기 때문에 교회에서는 그 당시의 과학을 그냥 인정할 수밖에 없었던 상황이었습니다. 아리스토텔레스는 7층천을 이야기했습니다. 그리고 아리스토텔레스의 7층천 설과 함께 그 당시 중동지방의 우주론을 지배했던 것은 3층천 설이었습니다.

3층천은 중앙에 지구가 있고 그 위에 하늘(sky)이 있습니다. 이것을 '우라노스, 1층천'이라고 불렀습니다. 그리고 우라노스를 넘어 곧 지구(대기권)를 벗어나서 별들이 있는 요즈음 말하는 우주(cosmos)를 '메타 우라노스', 즉 2층천이라고 이야기했습니다. 그리고 별들, 은하수 밖에, 3층천이 있습니다. 3층천은 파라다이스(paradise)라고 불렀습니다. 그래서 1층천, 2층천, 3층천이 되는 것입니다.

성경에서 바울이 3층천 곧, 파라다이스(천국)에 갔다 왔다고 말하고 있는 것을 볼 수 있습니다. 고린도후서 12장 1-8절까지 보면 파라다이스가 나옵니다. 예수님께서 주신 이 기도에 의하면 우리의 아버지는 하늘들(εν τοις ουρανοις : in heavens)에 계신다고 되어 있습니다.

세계의 종교는 어떤 종교를 막론하고 다 한편으로 치우쳐 있습니다.

하나는 초월적인 신을 강조하는 종교입니다. 이는 우주 밖에 있는 신입니다. 이것을 우리의 상식대로 비유한다면 옥황상제쯤 될 것입니다. 즉 유교에서 말하는 '하늘'이 전형적인 모습입니다. 인격적인 신은 아니지만, 저 멀리서 우리를 내려다보며 좀 엄한 아버지 같은 그런 초월적인 신입니다. 유교에도 인간 속에 있는 '도(道)'라는 것이 있는데, 그것은 유교와 도교가 혼합된 것입니다. 장자가 이것을 꿰뚫은 사람 중 하나라고 하지만, 이 신은 초월해 있고 우주를 섭리하는 신입니다. 그러나 내게 밀접하게 있어서 섭리하고 돕는 인격적인 신이 아니라 자연의 도(道)일 뿐입니다. 장자에게는 신(神)이란 개념이 애초부터 존재하지 않는 현실에 철저한 사상가입니다. 장자가 말하는 도(道)는 '길(道)이란 사람들이 걸어 다녔기 때문에 만들어진다는' 식의 개념이었습니다. 결국 장자에게 신적 존재에 해당하는 도(道)란 어떤 초원적인 것이 아니라 사람들이 현실에서 묵도하고 경험하는 자연의 변화일 뿐이었습니다.

이렇게 초월적(超越的, transcendent)인 면으로 치우치는가 하면 다른 하나는 내재적(內在的)인 신입니다. 이것은 샤머니즘적인 신입니다. 바로 내가 만든 신입니다. 그래서 나만을 위한 신이고 내가 필요할 때 내 안에서 내 옆에서 도와주는 신이기도 합니다. 그래서 내 신이 너무 강해서 옆에 있는 성도들과 싸우기도 합니다.

노골적으로 표현하자면, '내 성령님이 네 성령님보다 더 높아. 내 방언이 네 방언보다 더 유창해' 하면서 은사를 자랑합니다. 왜냐하면 내재적인 신이 강조되기 때문입니다. 이 신은 나를 지금 아주 밀접하게 인도하지만, 하나님은 나 외에도 역사를 움직이고 민족을 움직이고 우주를 움직이십니다.

이 세 가지, 개인과 민족과 우주의 역사, 곧 개인사(personal history), 민족사(national history), 또 우주사(cosmology) 전체를 주관하고 계신 분이 우리 아버지 하나님이십니다. 지금 현대화된 서구 사람에게도 이 우주에 대한 역사관이 없습니다. 역사관이 있다 해도 웬만하면 다 이 국가적 차원(history)에서 끝나버리고 맙니다. 대부분의 종교가 균형이 안 잡혀 있습니다.

그런 가운데서 주님께서 우리에게 명령하신 기도에 의하면 우리가 믿는 하나님은 '하늘들에 계신 우리 아버지' 라고 불립니다. 우리의 아버지가 어디 계신다는 말이겠습니까? 우리 아버지가 내 안에서 나를 지금 인도하고 있고, 또 우리 민족의 역사도 운행하고 계시고, 또 우주의 역사도 섭리하고 계시다는 의미입니다. 초월하시면서 내재하시는 이런 신은 우리의 하나님 외에는 아무 곳에도 없습니다. 종교학에서 아무리 눈을 뜨고 봐도 찾아볼 수가 없습니다.

우리 주 예수 그리스도의 아버지이신 하나님은 참 신이십니다. 여호와 하나님은 1층천에도 계시고 2층천에도 계시고 3층천에도 계십니다. 우리의 영이 하나님이 사시는 집이 됨으로써 내 속에 사시는 아버지, 그 아버지가 우리 민족도 이끌어 가시고, 그 아버지가 세계사도 이끌어 가십니다. 그분은 세계의 모든 지도자들을 세우기도 하시고 낮추기도 하시며, 미천한 개미 같은 우리들을 태양 빛으로 쪼이시되 따사로운 사랑으로 그 등허리를 쓰다듬어 주시는 분이십니다. 초월하시면서 동시에 함께 하시는 아버지이십니다.

제가 이것을 몰랐을 때에는 기도원에 가야만 하나님을 만나는 줄 알았습니다. 그래서 기도원을 자주 다녔고, 철야도 많이 하고, 금식도 많이 했습니다. 그러던 어느 날, 주기도문을 헬라어로 공부하라는 감동을 주셔서, 묵상하는 중에 우리 하나님이 온 우주에 편재하시며 주관하시는 것을 더욱 확실히 깨달을 수 있었습니다.

하늘들에 계신 우리 아버지는 내가 성전에 가서 있을 때도 나와 함께 하시고, 집에 있어도, 내가 설거지 할 때도 나와 함께하시고, 원수의 칼을 가슴에 맞을 때도 함께 하십니다. 하나님은 부요함 속에서도 말씀하시고, 가난함 속에서도 말씀하시고, 산에서도 말씀하시고, 바다에서도 말씀하십니다.

한 번은 산타모니카 해변에 가서 몰려오는 파도를 보고 있는데, '방석아, 저 파도가 끊임없이 오는 것을 누가 막겠느냐, 너를 향한 나의 사랑도 막을 자가 없느니라' 고 하셔서 얼마나 행복했었는지 모릅니다.

온 우주에는 물이 바다를 덮음같이 여호와의 말씀이 충만합니다. 여호와의 말씀은 없는 곳이 없습니다. 사람들이 하나님의 음성을 못 듣는 것뿐이지, 하늘들에 계신 우리의 아버지는 우주에 편만한 하나님이십니다. 신명기 10장 14절에 "하늘과 모든 하늘의 하늘과 땅과 그 위의 만물은 본래 네 하나님 여호와께 속한 것이로되"라고 말씀합니다.

그 하나님은 특별히 회개하여 주 예수 그리스도를 왕으로 구세주로 모신 우리의 몸을 성전 삼고 사시는 아버지이십니다. 그러므로 하나님은 성전인 우리의 몸에 사십니다. 우리의 몸은 '만민을 위하여 기도하는 집' 입니다.

모든 민족과 열방을 위해서 중보 기도하는 육체, 그 성전으로 우리의 몸을 주셨습니다. '너희가 하나님의 성전인 것과 하나님의 성령이 너희 안에 거하시는 줄을 알지 못하느냐' (고전 3:16) 그래서 하나님 아버지가 우리 영 속에 사십니다. 바로 주기도문 첫 줄의 '하늘들에 계신 우리 아버지' 는 집과 교회 등 장소를 초월하시는 하나님이십니다.

알신(바알, Baal)과 엘신(하나님, Elohim)

당시에, 팔레스타인들이 믿었던 신은 바알신이었습니다. 바알신은 지역신이고, 신전 중심적인 신입니다. 또 다른 신은 엘신인데, 엘신은 하나님이고 알신은 바알신입니다. 아브라함을 부르신 엘신과는 근본적으로 다른 알신이 완전히 팔레스타인을 덮고 있었습니다.

알신의 특징은 다음과 같습니다.
첫째, 알신은 축복만 하고 저주는 하지 않습니다.
둘째, 자신을 경배하는 자들에게 명령을 하지 않습니다.
셋째, 도덕적인 성결을 요구하지 않습니다.
넷째, 성전 안에만 있는 신입니다.
다섯째, 그래서 믿기 쉬운 신입니다.
여섯째, 알신은 사람이 만든 신입니다.
결정적으로 일곱째, 시간과 장소에 완전한 지배를 받는 신입니다.
그래서 신전 중심적인 종교로서 예배 중심적인 신이며 장소 중심적인 신입니다. 그러나 엘신, 여호와 하나님 신은 장소에 국한된 신이 아닙니다. 여호와는 성전에만 계시지 않고, 우리를 성전 삼고 계시는 하나님이십니다. 우리들과 어느 곳에서나 함께 하시는 하나님으로 우리의 아버지가 되시며 안 계신 곳이 없는 전능하신 하나님입니다.

알신과 달리 엘신의 특징은 다음과 같습니다.
첫째, 축복을 할 뿐만 아니라 저주도 합니다.

둘째, 본질이 그 분의 백성들에게 명령하시는 신이십니다. 엘신은 그렇기 때문에 그 분의 백성들에게 단호한 순종을 요구하십니다.

셋째, 그 분이 거룩한 분이시므로 성결을 요구하십니다. "내가 거룩하니 너희도 거룩할지어다"(벧전 1:16) "하나님의 뜻은 이것이니 너희의 거룩함이라"(살전 4:3) "마음이 청결한 자는 복이 있나니 저희가 하나님을 볼 것이요"(마 5:8) 이와 같이 엘신의 특징은 거룩입니다.

넷째, 엘신은 장소를 초월한 신입니다. 성전 안에도 계시고 밖에도 계신 하나님을 성전에만 감금하고자 하는 그런 이스라엘의 종교지도자들이 있었습니다. 엘신의 특징을 모르기 때문이었습니다.

다섯째, 그만큼 믿기가 어렵습니다. 그러므로 엘신을 섬긴다는 것은 넓은 문이 아니라 좁은 문으로 들어가는 것입니다. 문은 좁은 문이지만, "악을 떠나는 것은 정직한 사람의 대로니"(잠16:17)라는 말씀처럼 들어가기는 좁은 문일지 모르지만 들어가면 대로입니다. 순종하면 대로가 열립니다. 깨끗하고 올바르게 주님의 뜻대로 살고자 하면, 얼마나 평탄한 대로가 열리는지 경험하게 됩니다.

임재와 내주(presence and indwelling)

'하늘에 계신 우리 아버지' 라는 말씀에서 꼭 알아야 할 것은 임재와 내주입니다. 임재(presence)는 바로 하나님이 안 계신 곳이 없다는 것, 하늘들에 계신 우리 하나님은 어디든지 계시는 아버지가 된다는 말입니다. 그런데 내주(indwelling)는 하나님이 특별한 어딘가에 거주하시는 것을 말합니다. 이 단어가 의미하는 하나님의 특징은 하나님께서는 그의 백성과 그의 종들이 특별히 하나님께 바친 장소, 예를 들면 성전이라든지 아니면 항상 엎드려 기도하는 장소처럼 하나님을 기념하여 구별되게 바쳐진 어떤 장소에 하나님께서는 특별히 내주하기를 원하신다는 사실입니다.

따라서 이러한 장소는 거룩하다고 할 수 있습니다. '거룩', '성도' 그리고 '성화하다' 하는 헬라어는 ἅγιος (hagios)에서 파생된 것으로서 '구별되다' 또는 '따로 떼어놓다' 라는 의미를 지닙니다. 또 세상과는 구별되게 다르기 때문에 '하나님의 성품을 닮음' 이라는 뜻도 있습니다.

임재와 내주의 차이점을 이해하려면 구약과 신약의 차이점을 이해해야 합니다. 구약의 사람들은 어디나 편만하시게 역사하시는 성령의 감동(presence)을 받는 정도로 만족해야 했으며, 그것도 선지자, 왕, 그리고 제사장에게만 임했습니다.(시 51:11, 사 63:10) 또 잠정적으로 임했다가 떠날 수도 있었습니다.(삿 13:25; 16:20, 삼상 10:10; 16:14, 대하 20:14, 대상 12:18, 삼상 19:20) 그러나 신약에서는 예수 그리스도의 십자가의 대속으로 말미암아 성령이 보혜사 보혜사(παρακλητοι, Parakletos)로서 신자들을 성전삼아 우리 안에 거하시며 우리를 인격적으로 인도하시기 때문에 그 차원이 다릅니다.

이스라엘이 광야에서 40년동안 거할 때에 하나님은 어디를 택하셨습니까? 하나님이 택하신 장소는 바로 성막이었습니다. 성막 다음은 솔로몬이 세운 성전이었고, 그 다음은 성전이 완전히 육체화 되는 사건이 예수 그리스도로 말미암아 일어나게 된 것입니다. 이제는 우리의 육체가 하나님이 거하시는 성전입니다.(요 14:16-17, 고전 3:16) 성령은 거룩한 영으로서 거룩한 처소에만 거하시는데, 우리는 예수의 피로 거룩하게 되었기 때문입니다. 성령은 이렇게 신약 성도 모두에게 임하므로 그 영광은 온 우주적입니다. 성령은 예수를 믿는 자들과 함께 (μετά , with, 요 14:16, 교제) 하시고, 그들 곁에(παρα , with, by, 요 14:17, 은사적) 계시며, 그들 속에 계시기 때문에 (εν , in, 요 14:17, 인격적 내주) 이것이야 말로 굉장한 축복이며 은혜입니다.

　진리의 영이신 성령께서 우리 안에 계시기 때문에 기도를 많이 해놓은 교회, 기도를 많이 한 집안, 기도를 많이 하는 사람은 벌써 장소나 그 목소리에서 영이 흘러나오게 됩니다. 예수님께서도 '내가 너희에게 말한 것이 영이요 생명이라' 고 말씀하셨습니다. 그러므로 말에서 영과 생명이 흘러나오게 되어 있고, 듣는 사람들도 그것을 감지하게 되어 있습니다. 하나님을 찬양하는 성가대가 겉모양만 꾸며진 성가대인지, 깊은 영혼에서 흘러나오는 찬양을 하는 것인지 알 수가 있습니다. 말에는 영이 흘러나오게 되기 때문입니다.
　우리는 하나님이 깊숙이 내재하시도록 하나님께 온전히 드려진 육체가 되어야 합니다. 기도하기 위해 정기적으로 엎드리고, 또 무시로 성령 안에서 엎드리면 어디든지 편재하시는 하나님 아버지와 함께 동행하게 됩니다. 그러므로 '하늘들에 계신 우리 아버지' 는 안 계시는 곳이 없으신 하나님이란 뜻입니다.

이신론(理神論, Deism)

　18세기에 영국에는 영국을 타락시킨 신학이 범람하고 있었습니다. 갈릴레이, 뉴턴까지는 비교적 괜찮았지만, 그 뒤 유럽에서는 이신론이란 신학이 널리 퍼지게 되었습니다.

이 신학은 하나님의 초월성만을 지나치게 강조한 신학이었습니다. 그래서 하나님이 천지를 창조하실 때 우주를 톱니바퀴가 맞아 돌아가듯이 완벽한 기계장치처럼 만드셨기 때문에 더 이상 세상에 내려와서 관여하지 않고 내재하지도 않는다는 사상입니다. 다시 말하면, 하나님이 지금 더 이상 이 세상에서 일하시지 않고 이 땅을 인간에게만 맡겼다는 것입니다. 그래서 하나님을 완전히 초월적인 신으로 믿는 것입니다. 이런 믿음은 필연적인 귀결을 갖게 되는데 그것은 무신론(無神論, atheism)입니다. 과학자들이 보기에 세상을 인간에게 다 맡기고 저쪽에서 관망만 하는 신은 필요가 없게 된 것입니다. 그래서 이신론에서 무신론이 나온 것입니다.

인간은 16세기를 시작으로 19, 20세기에 이르기까지 350년 내지 400년 동안 인간의 이성을 중시하는 현대주의(Modernism) 속에서 이성 중심으로, 과학 중심으로 살아왔습니다. 그 영향은 네 가지 결과를 이루게 되었는데 달리 표현하면 네 가지 파괴라고도 할 수 있습니다.

현대주의에서 비롯된 파괴 중 첫째는 '가정파괴'입니다. 현대화 되면 될수록 가정이 파괴되었습니다. 그와 함께 '생명'이 파괴되고 '환경'과 '가치'가 파괴되었습니다. 그래서 과학화가 되면 될수록 가정이 파괴되고 나라가 파괴되고 환경이 파괴되는 것입니다.

인류의 역사가 인간의 능력을 믿는 이성중심주의, 이신론, 무신론을 통과하면서 결국 인류가 생존하기 위해서는 이성 중심으로, 과학 중심으로는 안된다는 결론에 이르게 되었습니다. 과학만을 절대화시켜 절대가치를 가져서는 안된다는 것이 지난 시대의 결과입니다. 그래서 과학에 대한 절대가치를 가져서 다른 가치들이 과학적 사고에 속하는 것이 아니라, 이제는 과학이 다른 것들과 가치를 공유하는 다원주의로 넘어가고 있습니다.

우리는 이제 과학이 절대를 차지하는 시대에서 과학의 가치가 상대화되는 과도기에 살고 있습니다. 그래서 학자들은 지금 우리가 사는 시대를 탈현대시대(Postmodernism)라고 부르는데 그들의 주장은 이제는 과학을 절대화하지 말자는 것입니다. 과학은 인간의 삶 속에서 중요한 공헌을 했지만 지극히 작은 일부분이고, 인간의 실체를 해석하는 가치 중 하나에 불과하다는 것입니다.

포스트 모더니즘 운동은 1951년부터 시작되었습니다. 이 운동에서 중요한 가치를 가지는 것이 바로 '생명' 입니다. 그런 점에서 포스트 모더니즘은 선교하기에 너무나도 좋은 토양을 우리에게 제공합니다. 예수가 없으면 생명이 없기 때문입니다. 하나님의 아들 안에 생명이 있기 때문에 예수님에게로 돌아가는 길 외에 다른 길은 없습니다. 지금 세계는 이미 탈현대시대로 분위기가 바뀌어져 있습니다. 그런데도 우리 나라는 아직도 과학 중심주의를 주장하고 있습니다. 예컨대 앞으로도 10~20년 동안은 이러한 과학 중심주의가 우리 민족을 혼란케할 것이라 추정됩니다.

결론적으로, 예수님이 말한 아버지는 어떤 분입니까? 그분은 하늘들에 계시는 아버지이십니다. 지금도 내 안에서 말씀하실 뿐만 아니라, 우리 민족을 다스리고 우주를 이끌어 가시는 그 아버지가 우리 속에 계시니 얼마나 감사합니까! '하늘들에 계신 아버지' 이 구절의 비밀이 풀려짐으로 말미암아 제게는 엄청난 축복이 돌아왔습니다. 제가 이 주기도문을 헬라어로 공부하면서 하나님의 편재가 나의 속에 체험되었고, 하나님이 내 속에 들어와 계심을 알게 되었습니다. 이것이 머릿속으로만이 아닌 단지 지식만이 아닌 영혼 깊숙이 삶속에서 경험되었다는 것입니다. 그래서 하루도 나를 떠나지 않으시는 하나님을 배웠고, 무시로 성령 안에서 기도하는 법을 배우게 되었습니다.

문제는 땅

이름이 거룩히 여김을 받으시오며, 나라이 임하옵시며, 뜻이 하늘에서 이룬 것같이 땅에서도 이루어지이다(Hallowed be thy name. Thy kingdom come. Thy will be done in earth, as it is in heaven). 이 중에서 '뜻이 하늘에서 이룬 것같이 땅에서도 이루어지이다(in earth, as it is in heaven)' 는 여기에만 걸리는 것으로 나옵니다. 그냥 한 문장, 한 문장이 각각 독립적으로 보입니다. 하지만 헬라어에서는 앞의 내용들 모두 다 연결되어 있습니다.

곧, '이름이 하늘에서 거룩해진 것처럼 땅에서도 거룩하게 하옵소서', '나라가 하늘에서 이루어진 것처럼 땅에서도 이루어지게 하옵소서', '뜻이 하늘에서 이루어진 것처럼 땅에서도 이루어지게 하옵소서'입니다. 이처럼 '호스 엔 우라노 카이 에피 게스(ως εν ουρανω και επι-γης)'로 헬라어 성경에는 모든 내용에 다 연결되는 것으로 나타납니다.

그 다음에 "뜻이 하늘에서 이루어진 것 같이 땅에서도 이루어지이다(Thy will be done in earth, as it is in heaven)" 여기에서 하늘에서(in heaven)는 단수로 나옵니다. '호스 엔 우라노(ως εν ουρανω)' 에서 보듯이 정말 단수입니다. 정말 놀랍지 않습니까? 그러니까 "하늘들에 계신 우리 아버지여, 이름이, 나라가, 뜻이 '하늘들'에서 이루어진 것이 아니라 '하늘'에서 이루어진 것 같이"입니다.

그래서 주기도는 하늘들에 계신- '첫째 하늘, 둘째 하늘, 셋째 하늘,' - 이 하늘들에 계신 우리 아버지, 어디든지 계시는 우리 아버지, 피부로 느끼며 내재하시면서 초월하시는 하나님 아버지라고 부릅니다. 그렇게 아버지를 부르고, '뜻이 하늘에서 이루어 진 것같이 땅에서도 이루어지이다' 할 때, 이 하늘은 단수로 되어 있어 아버지의 보좌가 있어 하나님의 왕권이 이루어져 있는 파라다이스입니다. 여기에서 표현된 단수의 하늘은 3층천과 아버지 보좌가 있는 곳을 말하는 곳으로, 통상 천국(파라다이스)이라고 지칭하는 것입니다. 그래서 그것을 단수로 썼습니다.

그럼 어디에 뜻이 이루어지는 것입니까? 하나님의 보좌에 있는 그 뜻이 이 땅에 이루어지는 것입니다. 그래서 문제는 땅에 있습니다. 땅의 문제를 하늘의 생명으로 완전히 변화시키는 것입니다. 땅의 떡덩이들을 하늘의 누룩으로 왕국화 시키는 것입니다. 우리의 육체를 예수의 생명으로 예수화 시키는 것입니다.

결국, 문제는 나에게 있습니다. 그래서 문제 있는 것을 제거하기 시작해야 합니다. 그래서 나를 제거하는 작업, 땅을 하늘화 시키는 작업, 신성이 육체를 점령하여서 우리가 완전히 예수화 되어 가는 작업이 이루어지는 것입니다. 그래서 우리는 이 기도를 계속해야 합니다. "주여, 내 속에 땅의 성품, 육성을 제거하여 주시옵소서. 인간성을 제거하여 주시옵소서. 세속의 성품을 제거하여 주시옵소서."

그러니까 하늘과 땅 가운데 땅을 제거하고 땅을 하늘화시키는 것입니다. 이것은 하늘에 이루어진 왕권을 땅 위에 세우는 일입니다. 우리는 이것을 '왕국화하다(Kingdomize)' 로 말할 수 있습니다. 우리는 이러한 일련의 왕국화 작업을 하는 하나님을 '킹더마이저(Kindomizer)' 라고 부릅니다.

하늘에 계신 우리 아버지가 나를 완전히 하나님의 것으로 만들기 위해서 하늘의 생명인 '예수 그리스도'를 보내주셨습니다. 그러니 그의 살을 먹고 그의 피를 마시면, 그의 생명이 내 속에 들어와 나를 몰아내고, 내 육체와 영혼을 완전히 예수화 시켜서 본질상 예수님과 똑같이 만들어 주십니다. 이 하나님의 왕국화가 개인적으로 이루어지기를 진심으로 바랍니다. 이것이 이루어지는 작업을 위해서 기도하라는 것입니다. 하늘에서 이루어 진 것처럼 우리에게도 이루어지기를 기도하는 것입니다.

2장 § 아버지의 명예

이름이 거룩히 여김을 받으시오며
"Hallowed be thy name"

하나님과의 관계에서 첫 번째 기도해야할 것은 '이름이 거룩히 여김을 받으시오며(Hallowed be thy name)' 입니다. 이것은 하나님의 명예, 영광에 관한 기도입니다. 자아를 십자가에 못 박는 기도, 곧 하나님의 명예와 왕국과 뜻, 이 세 가지의 기도는 순서대로 해야 합니다. 그 이유는 예수님이 '너희는 반드시 이렇게 기도하라' 고 했기 때문입니다.

그래서 먼저 '하나님의 나라와 하나님의 의' (마 6:33)를 구해야 합니다. '하나님의 의' 는 '하나님의 뜻' 으로 번역될 수 있고, 실제로 이 둘이 동일어로도 많이 사용됩니다. 그러므로 먼저 하나님의 나라와 하나님의 뜻을 기도하십시요! 그리하면 나머지 모든 것을 더하여 주실 것입니다. 그렇기 때문에 먼저 구할 것은 먼저 구해야 합니다.

자기 이름의 부정(Not my name)

우리가 이 기도를 하면서 꼭 알아야 할 것이 있습니다. 하나님의 이름이 거룩해지려면 내 이름은 제거되어야 한다는 것입니다. '내 이름은 제거하시고, 아버지 이름이 거룩히 여김을 받으시옵소서!' 여기서 이름이 거룩해야 된다는 이 말씀의 뜻은 아버지의 명예가 거룩해지기를 원한다는 것입니다. 그리고 아버지의 영광, 아버지의 명성을 말하는 것입니다.

헬라어로 '하기아스세토($\alpha\gamma\iota\alpha\sigma\theta\eta\tau\omega$)' 는 '거룩히 여김을 받으세요' (수동태 명령법)라는 뜻입니다. 구약의 '카다쉬(거룩, קָדַשׁ)' 라는 히브리어 단어는 헬라어 '하기아조($\alpha\gamma\iota\alpha\zeta\omega$:구별하다. 거룩하게 여기다)' 와 동일어입니다. 성경에서 말하는 거룩은 '구별하다' 라는 뜻입니다. 세속과 구별된다는 뜻입니다. 그래서 본래의 뜻을 쉽게 풀어 쓴다면 '아버지의 이름이 구별되기를 원하나이다' 라는 말로 '아버지 이름 외엔 모든 것이 똑 같고, 아버지만이 유일하나이다. 아버지만 참 하나님이십니다' 라는 의미입니다. 그러므로 이것은 십계명의 제일계명에 해당하는 말입니다.

"너는 나 외에는 다른 신들을 네게 있게 말지니라."(출 20:3) '하나님만이 홀로 거룩하시고 홀로 능하신' 이라는 뜻입니다. '홀로 거룩하시고 홀로 능하신 아버지 하나님이여!' 홀로 선하시고 홀로 의로우신 아버지 하나님이여! 이것은 하나님 유일주의(唯一主義)입니다. 하나님 아버지가 항상 먼저라는 것입니다. 그래서 효심이 극심한 자녀가 되어야 합니다.

아이들의 효심이 극심해 지면 아버지를 먼저 생각하며 '아버지, 아버지' 라고 합니다. 아버지 밖에는 유일한 분이 안 계시다고! 한낮 피조물에 불과한 인간의 도리도 이러할진대 천지의 창조주이신 우리의 하나님 아버지를 위해서 최고로 먼저 기도해야 할 것은 아버지의 명예를 위해 기도하게 됩니다.

그래서 하나님 아버지를 향한 효심이 있는 사람들은 하나님의 명예를 위해서 목숨을 겁니다. 그리고 하나님의 아들이 피를 주고 산 교회를 위해서도 목숨을 거는 것입니다. 하나님의 이름이 거룩히 여김 받음에 하나님의 명예, 영광이 걸려있기 때문에 여기에 목숨을 걸어야 하는 것이 우리의 도리입니다.

'이름이 거룩히 여김을 받으시오며.' 우리 아버지의 영광과 명예를 위하여 목숨을 걸어야 합니다. 저도 한때는 아버지의 명예를 위해서 핍박을 많이 받았다고 생각했었습니다. 예수의 교회, 아버지 명예 때문에 욕도 먹고, 총상을 당할 뻔도 하고, 얻어터지기도 하고, 한번은 너무 심하게 맞아서 신경이 끊어져서 한 달을 누워 있기도 했었습니다. 그러나 터키 성지순례를 하며 이름도 모르는 믿음의 선진들이 예수님을 믿는 믿음 때문에 비참하게 죽어간 모습을 보면서, 참으로 이들이 명품 신앙인이요 나의 믿음이 짝퉁이 아닌가 하고 부끄럽게 생각하게 되었습니다.

성경의 허다한 증인들은 우리가 도저히 감당치 못할 고난을 기쁘게 여겼습니다. 자녀가 부모에 대하여 효심이 극심해 지면, 예수님의 명예, 아버지의 명예에 목숨을 걸게 됩니다. 우리의 마음이 하나님으로 인해 거룩해지면 아버지의 명예를 굉장히 소중하게 여기게 됩니다. 고백하건데 저에게는 아버지의 명예 밖에는 구별된 이름이 없습니다.

그것 밖에는 내게 소망이 없습니다. 우리가 내 이름과 내 명예는 헌신짝처럼 버리기를 즐겨하는 효심이 극심한 마음을 지닌 하나님의 참 자녀들이 되기를 바랍니다.

아버지의 명예를 유지하기 위해 자기 이름을 십자가에 못 박아야 합니다. 저는 그래서 이렇게 기도합니다. '내 이름은 절대 높아지지 않게 도와주세요. 이방석의 이름은 땅 바닥에 떨어지게 하여 주시옵소서' 내 이름이 낮아져야 아버지의 이름이 영광스럽게 됩니다. 왜 둘 다 영화롭게 되면 안 될까요? 이것은 굉장히 중요한 사실입니다.

똥차와 새 차

하나님께서 저에게 이렇게 하라는 말씀을 주셨습니다. 두 팔을 앞으로 하고, 왼손 위에 오른 손을 겹쳐 놓고는, "똥차야 비켜라. 새 차 나가신다." 이것은 무슨 말입니까? 똥차인 우리 자아가 제거되어야 우리 속에 계시는 새 차이신 예수님이 나가신다는 말입니다. 이 것은 실로 엄청난 비밀입니다. 나드 향유의 껍질이 깨어져야 향유의 향이 나오듯이 자아가 깨어짐으로 예수의 향기가 온 세상에 퍼지는 비밀입니다.

"똥차는 비켜라. 새 차가 나간다. 방석이는 비켜라. 예수님이 나가신다." 이 말처럼 내려앉기를 잘 하는 우리가 되어야 합니다. 낮아지고 겸손해지는데 합격해야 합니다. 회당의 상석을 구하는 바리새인들과 같이 교만한 마음을 품지 말고 어찌하든지 낮은 자리를 찾아다녀야 낮아진 우리를 통하여 아버지께서 영광을 받으십니다.

낮아지는데 가장 좋은 방법은 사람들이 칭찬하면 도망치는 것입니다. 사람들이 나를 너무 기대하고 칭찬할 때 회개해야 합니다. 사람들이 칭찬하면 나는 바로 엎드려서 회개합니다. '하나님, 내가 어떻게 속였기에 저 사람이 나를 그렇게 칭찬합니까? 칭송받아야 할 분은 내가 아니고 내 속에 계신 아버지이십니다. 용서하여 주옵소서.'

만일, 누가 자신을 칭찬하거든 이 말씀을 기억하십시오. "모든 사람이 너희를 칭찬하면 화가 있도다 저희 조상들이 거짓 선지자들에게 이와 같이 하였느니라."(눅 6:26) 그때 회개하지 않고 칭찬을 미적지근하게 받으면 처음에는 '그런가?' 하다가 '그런가 봐!' 하고 나중에는 '그렇지 뭐~' 하고 어깨를 으쓱하게 됩니다. 만일 이렇게 되면 벌써 사단의 얼굴이 되는 것입니다. 그래서 하나님의 명예에 목숨 걸고 살아야 하는 우리는 자기 이름이 올라가지 않고 도리어 낮아지는데 합격해야 합니다.

제가 낮아지는 것과 병행하여 많이 한 기도는 인정받고자 하는 욕망에서, 칭찬 받고자 하는 욕망에서 나를 해방시켜 달라는 기도였습니다. 끊임없이 자신을 높이고자 하는 것이 우리의 자아인지라 날마다 십자가에 자신을 올려놓지 않으면 안 됩니다.

"하나님, 절대로 유명해지고자 하는 욕망에서 해방시켜주시고, 유명한 자들과 나는 상관이 없게 하소서. 나는 주 예수 밖에 없습니다."

하나님께서 어떤 사람을 회개시키기 위해서 나를 보내면 당연히 순종해서 갈 지라도 사람을 두려워하는 것으로 인해 오히려 유명한 사람들에게 코가 꿰이는 말아야 합니다. 내가 아무리 유명하여 뭇 사람들이 우러르고 천만인이 나를 칭찬해도 하늘에 계신 아버지가 얼굴을 돌리면 나는 끝난 것입니다. 이것을 잊어서는 안됩니다. 사람의 칭찬을 좋아하면 깊은 덫에 빠지게 됩니다.

"바리새인들은 돈을 좋아하는 자라···너희는 사람 앞에서 스스로 옳다 하는 자이나 너희 마음을 하나님께서 아시나니 사람 중에 높임을 받는 그것은 하나님 앞에 미움을 받는 것이니라"(눅 6:26) 모든 사람에게 칭찬을 받는 것은 하나님의 미워하심을 받습니다. 거짓 선지자들은 모든 사람에게 칭찬 받기를 원합니다. 사람을 기쁘게 하고자 하는 것이 거짓 선지자들의 특징입니다. 그러나 참 선지자는 사람을 기쁘게 하는 것이 아니라 하나님을 기쁘게 합니다. "내가 사람들에게 좋게 하랴 하나님께 좋게 하랴 사람들에게 기쁨을 구하랴 내가 지금까지 사람의 기쁨을 구하는 것이었다면 그리스도의 종이 아니니라."(갈 1:10)

우리는 사람의 눈치를 보다가 하나님을 잃어버릴 수도 있습니다. 내가 하나님을 놓치면 나도 망하거니와 우리 민족이 하나님을 놓치면 민족 자체가 완전히 망하는 길이기 때문에 어떠한 일이 있어도 하나님만 붙잡아야 합니다.

하나님의 말씀에 순종하게 되면 앞으로 적잖은 고생을 하게 될 것을 알지라도, 내가 여기서 나 자신을 위해 변증하지 않고 침묵하면 내가 고스란히 매장당해 사람들의 조롱거리가 될 지라도 당연히 우리는 그 순종의 대가를 치러야 할 것입니다. 왜냐하면 우리는 예수님의 남은 고난을 우리 몸에 채우는 그 분의 제자들이기 때문입니다.

실제로 제가 그런 상황에 처해 있을 때 아버지께서 권고해 주셨습니다. '잠잠히 하라. 변증하지 마라. 내가 신원해 줄 것이다. 날뛰지 말고 가만히 있으라. 내 아들 예수 그리스도가 십자가에서 피 흘렸거든 너는 뭐가 스스로 옳다고 사람들 앞에서 자꾸만 변증하느냐?'

제가 1994년 초에, 박사학위를 막 받을 때, 저를 시기하는 어떤 목사님이 신문사에 이방석이 석사 받는다고 의도적으로 정보를 주어 기사화했던 일이 있었습니다. 그리고 그 기사로 인하여 제가 몸담고 있던 교단에서 전화가 두 통이 왔습니다. "너 이놈아, 이제 석사 받는 놈이 박사 들어갔다고 3년을 사기치고 돌아다녀?" 이후로 교단에서 2년 동안을 오해를 받은 적이 있었습니다. 실제로 제가 그런 상항에 처해 있을 때 아버지께서 권고해 주셨습니다. '잠잠히 하라. 변증하지 마라. 내가 신원해 줄 것이다. 날뛰지 말고 가만히 있으라. 내 아들아 예수 그리스도가 십자가에서 피 흘렸거든 너는 뭐가 스스로 옳다고 사람들 앞에서 자꾸만 변증하는냐?"

이와 같이 자기를 십자가에 못 박지 않으면 하나님과 동행하기 어렵습니다. 하나님과 동행하기 위하여 자아를 십자가에 못 박고 죽이는 훈련을 계속하면 똥차 같은 내가 없어지는 것을 경험할 수 있습니다. 우리 속에 예수가 나오시기 위해서 자아가 십자가에 잔인하게 못 박히지는 죽음이 우리에게 충만하길 바랍니다. 만일, 우리의 자아가 십자가에 못 박히게 되면 하나님이 영권과 인권을 주게 되어 있습니다. 그러나 그것 자체를 목표로 삼아서는 절대 안 됩니다. 높이시고 낮추심이 아버지께 있으니 우리는 어찌하든지 낮아지는데 합격해야 할 것입니다. 그러면 어디까지 낮아져야 하겠습니까?

미국에 있는 거대한 그랜드 캐년(Grand Canyon)이 지진에 의해서 세워진 것이 아니라는 것을 지질학자들이 밝혀냈습니다. 그러면 구름이 계곡 중간에 저 아래에서 왔다 갔다 하는 그 엄청난 계곡은 어떻게 생성되었을까요? 현재 그랜드 캐년의 동쪽과 북쪽에 있었던 거대한 두 개의 호수가 대홍수에 의해 연속적으로 붕괴되며 협곡이 형성되었다는 것입니다. 그랜드 캐년 중심에는 콜로라도 강이 있습니다. 이 강은 매우 주목할만한 특수한 강입니다. 콜로라도 강을 제외한 주변 사막의 모든 강은 다 말라버렸습니다. 그런데 콜로라도 강은 어마어마한 강줄기를 자랑하며 유유하게 흘러 라스베가스를 통해서 후버댐을 지나 캘리포니아 사람 3천만 명을 먹이고 있는 것입니다. 이것을 통해 우리는 귀중한 교훈을 배울 수 있습니다.

강 자체가 낮으므로, 즉 겸비하므로 주위의 교만한 강들이 물을 다 빼앗으므로 그 강은 마르지 않고 도도히 흐르며 3천만 명을 먹이는 생수의 강이 된 것입니다. 이와 같이 자연의 이치도 겸손한 곳, 낮아진 곳에 은혜가 더하는 것입니다.(잠3:34, 눅18:14, 벧전5:5) 우리가 낮아지는데 합격하면 우리를 통해서 그랜드 캐년 같은 어마어마한 크기의 계곡이 되고 3천만 명을 먹일 수 있는 하늘의 생수가 우리 안에 흘러 도도히 세상으로 뻗어나가게 될 것입니다.

"너희 안에 이 마음을 품으라."(빌 2:5) 헬라어로는 '투토 프로네이테($\tau o \upsilon \tau o\ \varphi \rho o \nu \varepsilon \iota \tau \varepsilon$)'입니다. 이것을 직역하면 "너희는 반드시 이것만 생각하라"입니다. 불행하게도 한국어 성경에는 제대로 본 뜻이 안 나와 있습니다. 헬라어는 우리나라 말과는 달리 어순이 정해져 있지 않기 때문에 강조하고 싶을 때는 강조하고자 하는 말을 맨 앞에 놓습니다. 이것이 제일 중요하다는 것입니다.

빌립보서 2장 5절을 다시 보면 '투토 프로네이테 엔 휘민 호 카이 엔 크리스토 예수($\tau o \upsilon \tau o\ \varphi \rho o \nu \varepsilon \iota \tau \varepsilon\ \varepsilon \nu\ \upsilon \mu \iota \nu\ o\ \kappa \alpha \iota\ \varepsilon \nu\ X\ P \iota \sigma \tau \omega\ I \eta \sigma o \upsilon$)' "너희들은 예수 그리스도가 낮아지신 그것만을 계속하라" 우

리나라 말에는 "너희 안에 그리스도의 마음을 품으라" 이렇게 나와 있지만, 헬라어에는 낮아지는 것 자체만 계속하라고 나옵니다. 우리 예수님이 낮아진 것처럼 계속 낮아지고, 낮아져서 자꾸만 하나님과 예수를 높이고 남을 높이라는 것입니다. 우리가 계속 그것을 하면, 우리 속에서 3천만 명을 먹이는 성령의 생수가 흘러넘치게 될 것입니다. 이것이 우리에게 허락된 비밀입니다.

"주여 아버지의 이름은 영화롭게 올라가시고, 내 이름은 땅 바닥에 떨어뜨려 주시옵소서.(Lord, hallowed be Thy name, not my name)" 나는 망하여야 하겠고 예수님은 흥하여야 하겠습니다(요 3:30). 나의 자아가 완전히 박살나서 흔적이 없을 때 예수가 온전히 드러나게 됩니다. 그러나 삶 속에서 우리가 얼마나 내 체면과 명예를 세우려고 예수님의 명예를 죽이는지 모릅니다. 우리는 예수님의 명예를 위해 목숨을 걸기보다는 우리의 명예를 위해 목숨을 거는 경향이 많습니다.

만일, 예수님과 나 둘 중에 하나를 십자가에 못 박아야 하는 상황이 온다면 예수님의 명예를 깎아 내리고 나의 명예를 세울 때가 굉장히 많습니다. 살짝 거짓말하면 내 명예가 서고 체면이 설 때 우리는 자연스럽게 타협을 하게 되는 것이 다반사입니다. 내가 살짝 그 상황과 타협하면 내 명예는 올라가게 됩니다. 그러면 우리의 자아는 강해지지만, 대신 예수님은 감금되어 집니다.

그래서 똥차인 우리 자아가 제거되어야만 예수의 생명이 우리 속에 흘러들어오고 다시 흘러나가기 때문에 예수의 명예, 아버지의 명예, 교회의 명예, 이것을 위해서 목숨을 걸어야 하는 것입니다.

아버지만이 홀로 선하시고 홀로 거룩하시고 홀로 유일하신 분입니다. 유일하신 아버지, 아버지 밖에 우리가 추구할 것은 없습니다. 진정으로 하늘에 계시고 우리 마음에 좌정하고 계신 아버지 밖에 없습니다. 우리에게 이것이 분명하지 못하므로 계속 사람에게 치이는 것입니다.(삼상7:14)

우리가 계속적으로 다른 사람으로부터 상처를 입고 또 다른 사람들에게 상처를 입히는 것은 홀로 선하시고 홀로 구별된 아버지 이름을 잘 몰라서 그러는 것입니다. 아버지만 선하시다는 것을 인정하면 아버지 외에는 다 악하다는 말이 됩니다. 우리는 다 악합니다.

악한 자가 악한 짓을 하는데 상처받을 일입니까? 상처받을 일이 아니라 오히려 당연한 일입니다. 사과나무에서 사과가 열리는 것이 상처가 될까요? 만일, 상처를 받을 사람이 있다면 사과나무에서 다른 것이 나올 것을 기대하는 사람입니다. 하나님 아버지 외에는 선한 존재가 없습니다.

바울이 로마서에 고백하듯이 '내 속에 선한 것이 없도다'(롬 7:18) 라는 것을 깨닫고 나서, 바로 로마서 8장에서 성령의 해방을 말하고 있는 것을 기억해야 합니다. "그리스도 예수 안에 있는 생명의 성령의 법이 죄와 사망의 법에서 너를 해방하였음이라."(롬 8:2) 인간은 자신에게 철저하게 절망해야 됩니다. 제자의 표적, 예수 제자 학교의 제일 중요한 기초 수업은 자기에게 철저하게 절망하는 것입니다.

철저하게 내 속에 선한 것이 없다는 것을 빨리 알면 알수록, 빨리 절망하면 절망할수록, 그제야 자기에게 기대하지 않기 때문에 자기를 뽑아내게 됩니다. 자신의 가진 모든 것을 뽑아내는 것입니다. 특히 사람들로부터 칭찬듣기 좋아하는 성격까지도 뽑아내어야 합니다. 그 칭찬은 자신의 것이 아니기 때문입니다. 하나님만이 홀로 선하시기 때문입니다. 칭찬받기 좋아하는 성격에 자기의 교만이 깃들여 있습니다. 자기 의가 깃들여 있습니다.

십자가 통과

십자가를 통과하지 않은 어떤 것도 다 하나님의 원수이고 하나님의 일을 방해하는 것입니다. 십자가를 거치지 않은 그 어떤 것도 그것이 장점이든 단점이든 자기를 세우는 것이 됩니다. 자기 자아를 십자가로 허물어뜨리면 내 속에 예수가 흘러나오게 되어 있습니다.

이것은 아무리 강조해도 지나치지 않습니다. 우리는 하나님의 명예, 교회의 명예, 예수의 명예를 위해서 목숨을 걸어야 합니다. 아버지의 이름을 위해서 목숨을 거는 자에게 성령의 엄청난 강물이 힘차게 흘러가게 될 것입니다.

'낮아지는데 합격하는 것!' 너희는 이것만하라. 헬라어로는 뜻이 명확합니다. '이것만 하라. 낮아지기만 잘하라. 계속 낮아지고 낮아져서 사람들이 칭찬해도 별로 감동이 없고, 욕하면 내가 또 잘못했나 보다. 회개해야지' 해야 합니다. 사람에 의해 움직일 것이 아니라, 우리 심령 속에 살아계시는 아버지의 음성을 듣고 움직여야 합니다. 땅의 소리를 끊고 하늘의 소리에 귀 기울이며 살아야 합니다.

하나님을 향한 순종이 처음에는 힘들다가도 순종의 노력에 가속도가 붙어 대기권에 올라가게 되면 지극히 자연스럽게 순종이 이루어집니다. 이스라엘 민족처럼 하나님의 순종 훈련에 40년 방황하다가 시체가 되어 사막의 모래 위에 엎드려지는 자가 되지 말고 이 안식에 들어가기를 힘써야 될 것입니다. 이 안식을 히브리서에서는 자세히 말하고 있습니다.

히브리서 4장 11절에, "안식에 들어가기를 힘쓰라"라는 말이 있습니다. 쉬기 위하여 힘써 노력하라는 이 말씀이 무슨 뜻입니까? 순종이 자연스럽고 무시로 성령 안에서 기도하는 것이 자연스럽게 되고 절대적으로 순종하고 낮아지는 것이 완전하게 훈련되어야 합니다. 예수가 나타나시기 위해서 자신을 완전하게 낮추고, 남이 잘되기 바라고, 남 높이는 것이 완전히 습관이 되는 것입니다.

순종이 의식적으로, 또한 무의식적으로 나오는 것입니다. 예수께서 습관적으로 기도하라고 하시는 것처럼 경건 훈련이 습관이 되어 대기권 위까지 올라가야 할 것입니다. 그래서 겸비의 영이 항상 우리를 사로잡을 수 있도록 우리를 하나님께 내어 드려야 할 것입니다.

이것이 제대로 이루어지지 않으면 심각해집니다. 많은 주의 종들이 간증 집회와 설교나 사역으로 자기의 이름을 높입니다. 이같이 성경에서 최대로 성공한 사람이 바로 가야바였습니다. 가야바는 대제사장으로 하나님의 백성 500만 명을 목회하다가 예수 그리스도를 십자가에 못박혀 죽게 함으로써 결국에는 지옥에 갔습니다. 목회하다가 지옥 가려면 안 하는 것이 낫습니다. 500만 명의 교인을 만들어 놓고 지옥가면 무슨 소용이 있겠습니까!

"많은 사람이 나더러 이르되 주여, 주여 우리가 주의 이름으로 선지자 노릇하며 주의 이름으로 귀신을 쫓아내며 주의 이름으로 많은 권능을 행치 아니 하였나이까 하리니 그 때에 내가 저희에게 밝히 이르되 내가 너희를 도무지 알지 못하니 불법을 행하는 자들아 내게서 떠나가라 하리라."(마 7:22~23)

많은 사람들이 선지자 노릇하고 귀신을 쫓고 능력을 행해도 예수님이 모른다 하시면 천국에 가겠습니까? 많은 주의 종들이 지옥갈 수 있거늘, 그 목사 밑에서 배우는 자들은 소경이 소경을 인도하는지라 나란히 나란히 멸망의 길로 가게 되는 것입니다.

그래서 우리는 지혜롭게 행하고 잘 살펴야 합니다. 저 사람에게 겸비의 영이 있는지 없는지 잘 살펴봐야 합니다. 나에게 겸비의 영이 있는지 없는지, 내가 높아지기를 원하는지 낮아지길 원하는지 살펴야 합니다. 예수의 신은 내려가기 원하고 마귀의 신은 올라가기를 원합니다. 예수가 들어오면 자꾸만 낮아지고 싶습니다. 본질상 겸비의 영이시기 때문입니다.

반면에, 마귀는 높아지기를 원합니다. 그래서 마귀에 속한 사람은 자기 자신을 높이기만을 원합니다. 뱀 머리처럼 고개를 들고 올라가는 것은 쭉정이고, 고개를 숙이는 것은 알곡입니다. 누가복음 18장 10절부터 14절에 보면 두 사람이 성전에 올라갔는데 고개를 숙이고 있는 한 사람이 알곡입니다.

그는 하늘을 쳐다보지도 못하고 가슴을 칩니다. 그런데 다른 사람은 '주여, 나는 금식을 일주일에 2번 하고(일년에 104일을 금식하는 사람입니다)' 엄청난 사람임에는 틀림이 없습니다. 우리가 보기에 신령한 사람이지 않습니까? 그러나 하나님께서는 세리를 더 의롭다고 하셨습니다. 세리는 의롭다 하여 천국으로 인도되었습니다. 반면에, 바리새인은 '독사의 새끼들아' (마 3:7, 23:33)라는 책망을 듣고 지옥에 갔습니다.

어떻습니까? 겸손과 교만, 이것으로 판가름이 났습니다. 어찌하든지 우리 이름 석자, 그것 내세우면서 하나님 일 하다가 지옥가지 말고 이름을 십자가에 못 박음으로 예수가 흘러나오는 종들이 되어야 합니다. 그래서 자기 명예에 연연하면 하나님 나라에 들어가기 어렵습니다. 이런 것은 완전히 십자가에 못 박아야 합니다. 예수님이 많은 환란을 받으신 것처럼 그분을 따르는 우리도 하늘나라에 들어가려면 많은 환란을 받아야 합니다.(행14:22)

"너희가 세상에 속하였으면 세상이 자기의 것을 사랑할 터이나 너희는 세상에 속한 자가 아니요 도리어 세상에서 나의 택함을 입은 자인 고로 세상이 너희를 미워하느니라. 세상에서는 너희가 환란을 당하나 담대하라 내가 세상을 이기었노라."(요 15:19, 16:33)

우리 주 예수께서 더럽고 추악한 우리를 위해서 수치와 모욕을 사양치 않고 그 길을 가셨거늘 우리도 영광의 주, 우리의 왕 예수 그리스도를 위해서 수치와 모욕의 길을 선택해야 합니다.

3장 § 아버지의 왕국

나라이 임하옵시며
"Thy kingdom come"

'하나님의 왕국이 임하옵소서(ελθετω η Βασιλεια σου)' 이 말씀을 묵상하다가 하나님께서 저에게 가르쳐주신 것이 바로 'Not my kingdom' 이었습니다.

'하나님, 당신의 왕국은 임하시고 번성시키시되 나의 왕국은 완전히 파괴시켜 주시옵소서.' 저는 이 기도를 20년 동안 문자 그대로 했습니다. "하나님, 내 왕국은 완전히 박살내시옵소서. 하나님 내가 종교의 이름으로, 대의명분의 이름으로, 학문의 이름으로, 내 왕국을 세우지 않게 도와주시옵소서. 사람을 통치하지 않게 도와주시옵소서. 사람을 지배하지 않게 도와주시옵소서. 오직 사람을 섬기게 도와주시옵소서."

예수님의 영은 섬기는 영이므로 저도 예수님을 닮아 군림하지 않고 섬기게 해달라고 간절히 기도했습니다.

자아(Self) 못 박기

성경에 보면, 하나님 일을 하다가 자기의 이름을 높이기 위해서 자기 기념비를 세우고, 자기 이름 내세우다가 자기 왕국을 세우는 경우를 볼 수 있습니다. 사무엘상 15장에 사울이 자기를 위하여 자기 기념비를 세웠더라고 성경에 분명히 나와 있습니다. "사무엘이 사울을 만나려고 아침에 일찍이 일어났더니 혹이 사무엘에게 고하여 가로되 사울이 갈멜에 이르러 자기를 위하여 기념비를 세우고 돌이켜 행하여 길갈로 내려갔다 하는지라."(삼상 15:12)

자기를 위하여 기념비를 세우는 것은 하나님의 뜻과 정면으로 배치되는 것이기 때문에 하나님을 거역한 것과 다르지 않습니다. 그렇기 때문에 자기를 위해서 기념비를 세웠다는 것은 사술의 죄와 같고 사신의 우상에게 절하는 것과 같습니다(삼상 15:23). 이것은 마귀숭배입니다. 따라서 당연한 귀결로 '자아숭배'는 '마귀숭배'입니다. 성경을 연구하면 정확하게 공식이 형성되어 있습니다. 바로 3S인데, 3S는 사탄(Satan), 세상(Secular), 자아(Self)입니다. 3S를 처리 못하면 교회 다니다가도 지옥가게 되고 목사 하다가도 지옥으로 갑니다.

제가 지옥을 강조하는 이유는 그것이 빌립보서 3장에 그대로 나와 있기 때문입니다. "저희의 마침은 멸망이요, 저희의 신은 배요 그 영광은 저희의 부끄러움에 있고 땅의 일을 생각하는 자라"(빌 3:19) 이 구절은 '저희' 즉, 교회 안의 사람들, 즉 감독들과 집사들 중에서 지옥에 가는 사람이 있다는 것입니다. 감독은 오늘날 총회장과 같습니다. 이렇게 이왕 지옥 가려면 재미 보다가 지옥가고, 목사 하다가 지옥가지 말라는 것입니다. 가장 비참한 사람이 목사 하다가 지옥 가는 것입니다.

3S는 사탄(Satan)이 세상(Secular)을 통해서 자아(Self)를 낚는 것입니다. 성경 전체가 이것으로 구성되어 있습니다. 그런데 강대상에서는 이상하게도 이것을 외치지 않습니다. 오늘도 사탄은 세상을 통해서 자아를 낚고 있습니다. 미끼는 바로 욕심과 정욕입니다. 육신의 정욕, 안목의 정욕, 이생의 자랑(감투)에 걸려서 그 일을 하고, 이 육신의 욕심 때문에 웬만한 사람은 다 걸려듭니다.

사탄이 고상한 사람에게는 종교로 미끼를 놓습니다. 종교라는 낚싯밥이 있습니다. 성경적으로 말하면 바로 율법입니다. 이것의 핵심은 자기의 의입니다. 자기의 의는 자기를 주장하는 것입니다. 자기가 율법을 지키고, 의를 행하고, 자기가 얼마나 의로운 사람인가를 주장하고, 계속 내세우게 되어 뱀이 머리를 쳐들 듯이 자기의 의를 세우는 것입니다.

고상한 사람은 종교라는 미끼로 자아(Self)가 낚이게 됩니다. 이것이 힌두교입니다. 자기의 의, 도 닦는 것, 힌두교의 핵입니다, 불교도 거기서 나온 반란 종교입니다. 자기 의를 내세움으로 하나님의 뜻에 정면으로 대항하게 하는 것입니다.

그런데 문제는 사탄이 예수님 재림까지 계속해서 존재한다는 것입니다. 이것이 정말 문제가 됩니다. 사탄은 세상(Secular) 즉, 종교와 율법, 정과 욕심, 세상의 비즈니스, 상업주의(commercialism)를 통해서 인간의 정과 욕심을 계속 낚고 있습니다. 매스컴을 낚시 밥으로 해서 계속해서 낚고 있습니다.

마찬가지로 세상도 예수님의 재림 때까지 있습니다. 그러면 세상도 있고 사탄도 계속 있으므로 나는 어떻게 됩니까? 매일 걸리는 것입니다. 사탄의 밑에 조직이 있습니다. 비록 사탄이 지금 정죄 받고 심판은 받았으나 아직도 활동을 하고 있습니다. 사탄은 수하들을 통해서 활동을 하는데, 세상도 계속 있어서 빠져나갈 길이 없습니다.

그러나 사탄으로부터 자유로운 길이 있습니다. 그 유일한 길은 십자가에 자기를 죽이는 길입니다. 이 길은 마귀가 아무리 난리를 쳐도 세상이 아무리 희한하게 돌아가도 전혀 상관이 없습니다. 완전히 십자가로 나를 처리해 버리는 것입니다. 십자가에서 완전히 내가 죽는 것입니다. 예수님께서 나의 죄를 지고 십자가에서 돌아가셨습니다. 예수님이 죄를 짊어지고 죽으신 것을 믿는다면 죄와 죄인을 분리할 수 없다는 것도 알아야 합니다. 나도 십자가에서 예수님과 함께 죽은 것입니다.(갈2:20)

예수님은 우리의 죄만 뽑아가지고 돌아가시지 않으셨습니다. 어떤 죄인이 '재판관님 죄와 나를 좀 분리시켜 주십시오. 죄는 사형에 처하고 나는 지금 자유케 하여 주십시오.' 라고 말할 수 없는 것과 같이 죄와 죄인은 밀착되어 있습니다. 그러니까 죄를 행했다는 것은 죄인의 존재에서 행위가 나온 것입니다. 죄와 죄인을 분리하는 것은 불가능합니다. 예수님이 내 죄를 짊어지고 십자가 위에서 돌아가셨으면 내 죄와 밀착되어 있는 나의 자아도 예수님께서 짊어지고 돌아가신 것입니다.

예수님께서 십자가에서 세상 죄를 지고 가실 때, 그 죄와 분리할 수 없는 우리 자아도 시간을 초월하는 진리 가운데서 완전히 짊어지고 가신 것을 믿으시기 바랍니다. 믿으면 영광을 보게 될 것입니다. 우리의 가진 인식의 한계로는 이해하기가 어렵습니다. 그런데 분명히 성경에 '예수와 함께 너희가 십자가에 죽었고 예수와 함께 너희가 새 생명으로 부활했노라.' (롬 6:3-7)라고 증거하고 있습니다. 이 말씀이 갈라디아서, 골로새서, 로마서, 에베소서에 점철되어 있습니다. 예수 안에서 내가 죽고, 예수 안에서 내가 다시 살았다는 것을 믿으십시오. 그래서 예수님이 십자가에 못 박힐 때, 예수님과 함께 우리 자아와 죄도 완전히 십자가에 못 박힌 것을 믿기 바랍니다.

예수님이 우리 죄의 공장을 완전히 파괴하셨습니다. 그것을 날마다 아침마다 선포해야 합니다. 내 자아가 십자가에 못 박힌 것을 오늘도 선언하는 것입니다. "내 왕국은 제거될지어다." 죄와 자아가 다시 일어나지 못하도록 짓밟고 서십시오! 자아가 완전히 제거된 상태이기 때문에 세상이 나에게 대하여 십자가에 못 박히고, 내가 세상에 대하여 십자가에 못 박혔습니다. 그래서 사탄이 나와 상관이 없습니다. 사탄이 낚시하고 싶어도 낚을 고기가 없어져 버렸습니다. 마귀가 오늘도 나를 공격하려고 활을 당기지만 십자가 안에서 물체가 없어진 것입니다. 예수 십자가 안에서 마귀가 나와 상관이 없어졌습니다. 사도 바울처럼 날마다 죽으면,(고전15:31) 마귀 위에, 세상 위에 서는 것입니다. 이제 우리는 예수 안에서 마귀를 짓밟고 율법의 저주에서 완전히 놓여졌습니다. 예수님과 동행함으로 구름 밑에서, 물 밑에서 마귀의 미끼에 아가미가 걸려서 죽어가는 것을 미끼를 뽑아서 살려내는 우리가 되었습니다.

이제, 율법은 저주가 아닙니다. 율법은 선한 것입니다(롬 7:12). 그러나 율법은 지켜야 의롭게 되고, 율법 613가지 중에서 하나라도 어겨서는 안되는 것이었습니다. 만약, 한국에서 미국까지 수영을 해서 가야한다면 얼마나 힘든 일이겠습니까? 이렇게 해야 천국을 갈 수 있다고 하는 것이 율법의 성격이었습니다. 그래서 율법이 우리에게 저주가 된 것인데 십자가에서 예수님께서 율법의 저주를 다 도말하신 것입니다. 그것을 다 지켜야 우리가 의인이 되는 것이 아니라 예수의 생명이 내 속에 들어옴으로 말미암아 예수 때문에 우리가 의인이 된 것입니다. 내가 의 덩어리가 되는 대신에 예수님이 죄 덩어리가 된 것입니다. 이것이 바로 복음입니다.

이러므로 사도 바울이 '내가 십자가 외에는 알지 아니하기로 작정했다.' 고 고백하고 있습니다.(고전 2:2) 십자가 외에는 내가 자랑하지 않노라.(갈6:14) 십자가의 도 이것 밖에는 사람을 구원하는 도가 없습니다.

십자가의 도

십자가의 도, 전도의 미련한 것, 십자가로만 구원의 길이 있습니다. 사람들이 보기에는 십자가가 어리석은 것 같지만, 하나님께서 십자가에서 우리를 종교의 저주로부터 해방하셨습니다. 또한 정과 욕심에서, 세상에서 해방하셨습니다. 그러므로 하나님께서 우리를 마귀와 완전히 이별시키셨습니다. 십자가만이 그것을 할 수 있습니다.

철학, 종교, 윤리, 도덕 이런 것으로는 절대 할 수 없습니다. 인간의 어떤 노력이나 초월적인 명상으로도 될 수 없습니다. 예수님의 십자가만이 나를 완전히 해방시킬 수 있습니다.

"아들이 너희를 자유케 하면 너희가 참으로 자유하리라." (요 8:36)

"주의 영이 계신 곳에는 자유함이 있느니라." (고후 3:17)

죄와 자아로부터 자유함으로 마귀를 괴롭히면서 세상을 율법 위에서 밟고 서서, 613 가지 정도가 아니라 율법이 감히 상상도 못하는 선행이 예수화 된 우리를 통해서 흘러나오게 됩니다. 행동으로 살 뿐만 아니라 미워하지도 않습니다. 예수가 나를 사로잡으니 행동 정도가 아니라 생각 자체가 변합니다.

예수화 됨으로써 말미암아 죄의 속박에서 해방되어 하늘의 생명이 우리 속에 있게 됩니다. 신성이 내 속에 들어와서 신의 생명으로 사는 것입니다. 더 나아가 법이 시키지도 않은 더 온전한 사랑을 우리가 하게 되는 것입니다. 왜냐하면 내 속의 예수가 그것을 하시는 것이기 때문입니다.

내 속의 예수는 내가 없어진 만큼 일하십니다. 내가 십자가에 못 박힌 만큼 하시고, 내가 뽑아진 만큼 그 뽑아진 공간에 예수가 들어와 점령하여 내가 사는 것이 아니라, 내 속에 그리스도가 살아서 나를 이끌어가는 삶, 예수화된 삶, 예수님이 나의 왕이 되어서 시키는 대로 순종하는 삶을 살게 됩니다. 바로 그것이 '하나님의 왕국이 우리에게 임하게 하옵소서. Thy kingdom come.' 이라는 기도입니다.

'나라가 임하옵시며' 라는 뜻은 '주님, 나의 왕이 되어 주시옵소서'
라는 뜻입니다. "나의 왕이 되시옵소서. 나를 다스려 주시옵소서. 하
나님께 절대 순종하여 의지를 순종의 길로 인도하여 주시옵소서. 내
뜻대로 하지 않게 도와주시옵소서. 하나님, 내 왕국 세우지 않게 도와
주시옵소서" 입니다. 이것은 엄청난 기도입니다. 천국을 보장하는 기
도이기 때문이기에 그렇습니다.

자신의 왕국을 세운 자는 결국 사울처럼 됩니다. 사울이 자신의 기
념비를 세운 이후로 여호와가 부리는 악신이 그에게 들어가서 성령으
로 시작했으나 육체로 마치게 된 것입니다. 우리는 어찌하든지 자기
기념비를 박살내야 합니다. 자기 왕국을 세우지 말아야 합니다. 사람
들을 자기 사람으로 만들면 안 됩니다. 목회를 하거나 사업을 하거나
하나님 일 하거나 무엇을 하던지 간에 직장에서도 사람들을 내 권위
아래 두면 안 됩니다.

성경에 창세기부터 계시록까지 인간의 영은 하나님의 형상으로 만
들었고 하나님 다음으로 고귀한 존재이기 때문에, 사람의 영이 다른
사람의 영을 지배할 수 없게 되어 있습니다. 사람의 영은 오직 하나님
만이 직접 통치하실 수 있습니다. 그것이 바로 "나라가 임하옵시며"의
뜻입니다. "하나님만이 우리를 통치하여 주시옵소서. 하나님, 인간이
인간을 통치하는 것이 우리에게서 제거되게 하여 주시옵소서."

그렇기 때문에 어찌하든지 내 왕국을 세우지 않고, 내 왕국을 제거
해 달라고 더욱더 힘을 다하여 기도해야 합니다. 만유가 하나님의 것
이기 때문에, 만유가 그의 아들 예수의 것이기 때문에, 자기 소유를 주

장하는 자는 사단이 그의 속에 들어간 것입니다. 예수님의 제자는 소유가 없어야 됩니다. 예수님의 제자는 예수님 외에는 소원이 없어야 됩니다. 예수님의 제자는 예수님 외에는 목표가 없어야 됩니다. 예수님의 제자는 예수님 외에는 자기의 계획이 없어야 됩니다.

성경을 주의 깊게 보십시오. 성경에 창세기부터 계시록까지 하나님이 사용하셨던 종들 중에 계획을 많이 가지고 있었던 사람이 있습니까? 아브라함이 생각하기를, '이번 5월까지는 아무래도 길르앗 라못까지는 가야겠다' 했습니까? 아니면 모세가 하나님께 기도하면서 '하나님, 성막의 구름이 3월까지는 꼭 일어나야 됩니다.' 하고 협박한 적이 있습니까? 예수님께서도 '나는 아무 것도 스스로 할 수 없노라. 듣지 않고는 말하지 않고, 보지 않고는 행하지 않는다. 나는 스스로 행동하지 않고, 스스로 움직이지 않고, 스스로 말도 하지 않는다' (요5:19, 30)고 하셨습니다. 신이신 예수께서 자기를 십자가에 못 박고, 완전히 하나님께 사로잡혀서 움직였거늘, 하물며 미물 같은 인생들이야 아버지께 더 완전히 사로잡혀야 될 것입니다.

자기의 목표가 있으면 벌써 사단이 틈을 탑니다. 정과 욕심이 있으면, 내가 벌써 사탄에게 물린 것입니다. 예수님 외에 소원이 있으면 마귀에게 물린 것입니다. 우리는 "주님만이 소원 되시옵소서"라고 기도해야 합니다. 아브라함이 이 고백을 하는데 45년 걸리고, 모세가 80년 걸렸습니다. 바울은 이를 위해 17년 보냈고, 베드로는 3년 만에 극도의 절망에 처하게 되었을 때, 드디어 주님이 '나를 따르라' 하시니 주님을 따르게 된 것입니다.

혹시, 우리가 아직까지 이런 존재로 변화되지 않았으면 오늘부터 마음을 고쳐먹고, "내 맘의 주여, 나의 비전이 되소서. 주님만이 나의 소원되시며, 주님만이 나의 목적과 방향이 되시고, 주님만이 나의 계획이 되시옵소서. 일에 사로잡히지 아니하고 하나님에게 사로잡히게 하여 주시옵소서." 라고 기도해야 합니다. 그렇게 되면 영혼이 자유롭게 될 것입니다. 우리는 자유인이 되고 완전히 해방되어서 하나님과 동행하는 종이 될 수 있습니다. 하나님이 우리를 마음대로 사용하게 될 것입니다.

"바람이 임의로 불매 어디서 오며 어디로 가는지 알지 못하나니 성령으로 난 사람은 다 이러하니라."(요 3:8) 우리가 하나님과 동행하게 되면 바람 같으신 성령이 부는 대로 자유롭게 움직이게 됩니다. 주의 영이 계신 곳에는 자유함이 있습니다. 소원이 있으면 마귀에게 갈고리로 걸려서 움직일 수 없게 됩니다.

"하나님 내 나라를 파괴해 주시옵소서. 하나님이 다스려 주시옵소서. 아멘."

계시의 비밀(하나님 뜻 알기)

초창기에는 하나님의 뜻을 알기 위해 무릎을 꿇고 기도를 해야 합니다. 하나님 앞에 기도하면서 계속 기다리는 것입니다. 여호와의 눈은 의인을 향하시고 그의 귀는 그들의 부르짖음에 기울이시기 때문에,(시34:15, 잠15:29) 우리가 하나님께 순종하기 위한 의지를 세우고 기도하고 기다리면 주님이 말씀하시기 시작합니다. 우리가 부르짖을 때 하나님께서 반드시 응답하시고 크고 비밀한 것들을 보여주십니다.(렘 33:3, 사58:9)

하나님이 가르쳐 주시지도 않고 순종하라고 하시겠습니까? 우리의 하나님은 그런 분이 아닙니다. 하지만 순종하지 않는 사람에게는 말씀을 안 하십니다. 말해 봤자 그 사람에게 오히려 더 저주가 임하게 되기 때문입니다. 그러니 하나님의 말씀이 순종하는 자에게 임하는 것입니다. 순종의 의지를 가지고 '하나님, 무슨 말씀을 시켜도 순종하겠습니다' 라고 하면 그 때 이후로 하나님이 우리에게 말씀하십니다.(행 5:32) 우리가 하나님 뜻대로 행하려 하면 그 말씀이 하나님께로 난 것인지 아닌지 알게 됩니다.(요7:17) 이렇게 주님과 동행하므로 하나님의 회의 속에 들어가는 것입니다.

미국 유학 시절 어느 날, 우리에게 아들 우유먹일 돈이 없는 겁니다. 2달러만 있으면 4~5일 먹일 분량을 살 수 있는데, 그것도 없었습니다. 그래서 벽을 향해 울면서 우유가 없다고 기도하고, '하나님, 당신의 나라가 임하시옵소서' 하면서 기도하는데, 하나님께서 감동을 주시기를 "네 왕국 잘 퍼뜨렸구나!" 하시는 것이었습니다. 그래서 내 아들 위해 "고생스러운 목회자가 되지 말고 교수나 학자가 되게 해주세요."라고 소원 기도한 것이 생각나서, "하나님, 그렇게 기도한 것 용서해주세요. 내 자식을 내 왕국 삼은 것, 내 것, 내 소유로 삼은 것 용서해 주세요." 하면서 하나님께 울며 회개 기도를 드렸습니다.

그 다음날, 어떤 목사님들이 목회자 세미나에 나를 초청했습니다. 세미나를 끝내고 집에 돌아오니까 언제 넣었는지 저희 집 우체통에 몰래 100불을 사례비로 넣고 가신 것입니다. 그래서 얼른 우유를 사다가 아들에게 먹였습니다. 우리는 하나님이 우리보다 우리 자식을 더 사랑하신다는 것을 알아야 합니다. 비록 우리 몸으로 낳았지만 내 자식을 아버지께서 더 사랑하십니다.

천하보다 귀한 영혼을 하나님 아버지가 책임져야 그 영혼이 행복해
지게 됩니다. 우리에게 우리 자신보다 더 소중한 자식도 그만큼 소중
하기 때문에 주님께 맡겨야만 됩니다. 이와 같이 'Thy kingdom
come'은 '모두 하나님의 것이다' 라는 뜻입니다.

맡긴 만큼 맡아 주신다

우리가 겪고 보는 모든 것이 다 하나님의 소유입니다. 그러
니 모든 것을 일단 맡기고, 그 다음에 하나님께 위임하십시오. 자식도
맡기시고, 목회도 맡기시고, 교회도 맡기시고, 학교도 맡기십시오. 하
나님께서는 제게 교회 개척까지 하게 하셨습니다. '학교를 개척하는
것도 어려운데 교회 개척까지 해야 하나?' 하면서 걱정하는데 하나님
께서는 "걱정하지 마라. 내가 하는데 네가 왜 걱정하느냐?"고 말씀하
십니다.

하나님께 엎드려야 됩니다. 그래서 계속 엎드려서 "하나님이 교회
를 맡아주세요. 하나님이 학교를 운영해 주세요." 성도들과 학생들,
이름 하나하나 부르면서 "하나님이 맡으세요."라고 기도합니다. 그래
서 우리가 짊어진 짐이 편안하게 될 때까지 맡겨야 됩니다.

"그리스도의 평강이 너희 마음을 주장하게 하라."(골 3:15)

그렇게 하나님께 맡김으로 우리의 짐이 가벼워질 때 내면의 안식과
평화 가운데 여호와께서 말씀하십니다. 이러한 평강이 없으면 움직이
지 말아야 합니다. 마음의 안식이 없이는 움직이면 안 됩니다.

그런데 우리의 내면에서 안식이 없어질 때를 유념해서 자신을 살펴

볼 필요가 있습니다. 만일 우리 안에서 소유욕이 있으면 안식이 없어지게 됩니다. 하나님이 안 맡아주시는 것입니다. 하나님은 맡긴 것만큼만 맡아주십니다. 맡긴 것만 책임져 주십니다. 그러니 하나님께 이왕 맡기려면 다 맡기십시오. 하나님께 다 맡기고 안식과 평안 가운데서 마라톤 선수처럼 우리의 달려갈 길을 뛰어가야 될 줄 믿습니다.

얼마나 이것이 좋은지 모릅니다. 하나님께 맡기고 하나님의 나라가 임하고 하나님이 사로잡아 주시면 얼마나 편한지 모릅니다. 말 그대로 편안합니다. 하나님을 섬기는 것이 이렇게 행복한데 이 좋은 예수를 왜 안 믿는지 모르겠습니다.

예수님을 믿는다는 것은 엄청난 축복입니다. 호박 넝쿨같이 예수님 안에 있는 하늘의 신령한 복들이 다 우리에게 임하게 됩니다. 그 보화를 날마다 캐내는 것이 얼마나 기쁜 일입니까!

개인의 존재가 변화되고, 자식의 문제가 해결되고, 학교와 교회와 사업의 문제가 해결됩니다. 영적으로 하나님과 동행하면 나라가 어떻게 움직이는지 알게 됩니다. 그러니 우리가 어찌하든지 하나님이 나의 왕이 되셔서 나를 완전히 점령하시도록 자기의 왕국을 제거해야 합니다.

하나님께서 제일 싫어하는 사람은 자기 왕국을 쌓는 사람입니다. 교인 천 명, 만 명 만들어 놓고 자기 왕국을 쌓는 사람입니다. 자기 영토를 확장하는 사람입니다.

이러한 점에서 우리 민족의 교회는 분명히 개혁되어야 합니다. 이것은 누군가는 해야 되는 일입니다. 우리가 하나님을 왕으로 섬기면서 믿고 맡기면 하나님이 친히 나서서 행해 주실 것입니다. 그 분이 친히 나라를 견고하게 세워주실 것입니다.

어느 누가 아버지가 하시는 것을 막을 수가 있습니까! 역사상 이것을 막았다가 박살난 사람들이 많습니다. 역사의 주관자이신 여호와를 대적하면 망합니다. 자기의 왕국을 쌓다가 사단과 함께 멸망의 길로 가지 말고, 자기 왕국을 완전히 제거하여 하나님의 왕국이 우리의 존재와 삶에 깊이 임하게 해야 합니다.

하나님의 나라가 온전하게 임하게 하려면 우리는 절대적으로 순종해야 합니다. 그래서 기도할 때에 "주여 절대적으로 순종하게 하여 주시옵소서"라고 기도해야 합니다. 절대적으로 순종한다는 것은 선택적으로 순종하지 않는다는 말입니다. 선택적인 순종은 불순종이기 때문입니다. 이와 같은 예를 성경 속에서 사울을 통해 볼 수 있습니다.

사울이 행구(군인들의 짐 보따리) 뒤에 숨었을 때는 하나님이 그를 들어 사용하셨지만, 자기 기념비를 세울 때는 악신이 들어서 자살하였습니다. 사울의 삶이 우리에게 큰 교훈이 되어야 합니다.

사울처럼 성령으로 시작해서 육신으로 망하지 않아야 되겠고, 우리는 오히려 줄기차게 더 깊이 더 낮아지고 겸손해져야 합니다. 그래서 하나님과 동행함으로 한두 명 살리는 졸졸졸 나오는 샘물이 아니라, 30명, 60명, 100명, 천 명, 만 명을 살려내는 도도히 흐르는 하나님의 강줄기가 되어야 하겠습니다.

4장 § 아버지의 뜻

뜻이 하늘에서 이룬 것같이 땅에서도 이루어지이다.

"Thy will be done in earth, as it is in heaven"

"하나님의 뜻이 하늘에서 이룬 것같이 땅에서도 이루어지게 하옵소서(Thy will be done in earth, as it is in heaven)" 라는 기도와 함께 우리는 '내 뜻(소원)은 절대 이루어지지 않게 하옵소서(not my will)' 라고 기도해야 합니다.

예수님께서 우리에게 그렇게 기도를 하라고 명령하셨습니다. 예수님은 실제로 이렇게 사셨고 이렇게 기도하셨습니다. '내 뜻대로 마옵시고 주 뜻대로 하옵소서.' 예수님께서 드신 그 잔은 죽음의 잔이었습니다. 그 죽음의 잔을 마실 때 예수님의 순수한 영혼이 얼마나 소스라치게 놀랐을 지 상상해 봤습니까?

하나님께 드려지는 거룩한 피를 흘리고 십자가의 길을 걸어가는 주님의 그 길, 십자가의 길이 바로 우리의 길이 되어야만 합니다. 다른 길은 절대로 있지 않습니다. 한 알의 밀알이 떨어져 죽어야 30배, 60

배, 100배의 결실을 맺는 것입니다. 내가 죽음으로 다른 사람들이 하나님 앞에서 살게 된다면 이 얼마나 값진 일입니까! 그 길이 주님이 지신 십자가의 길이요, 우리가 걸어야 할 길입니다.

예수님께서 십자가의 길을 걸으심으로 우리가 예수님의 생명을 누릴 수 있게 되었듯이 우리도 십자가의 길을 걸음으로 예수님의 생명이 다른 사람들에게도 전해질 수 있도록 해야 합니다. 그러기 위해서 내 뜻은 이루어지지 않게 해달라고 기도하는 것은 필수 불가결한 일이 되겠습니다.

동행의 비결

"두 사람이 의합지 못하고야 어찌 동행하겠으며"(암 3:3) 뜻이 합해야 동행할 수 있는 것입니다. 또 "나를 보내신 이가 나와 함께 하시도다 내가 항상 그의 기뻐하시는 일을 행하므로 나를 혼자 두지 아니하셨느니라."(요 8:29) 예수님도 예수님의 뜻대로 하지 않으셨기 때문에 하나님께서 예수님을 혼자 놓아두지 않으셨습니다.

"주 여호와께서는 자기의 비밀을 그 종 선지자들에게 보이지 아니하시고는 결코 행하심이 없으시리라."(암 3:7) 하나님께서는 자기의 계획을 자신의 종들에게 미리 알려주시며, 은밀한 것들을 나타내십니다.(단2:28)

우리는 하나님이 당신의 계획을 알려주시는 장면을 성경에서 목도할 수 있습니다. 선지서를 보면 '여호와의 회의' 라는 말이 나옵니다.

예레미야 23장 18절에, "누가 여호와의 회의에 참예하여 그 말을 알아들었으며” 그 다음에 23장 21, 22절 “선지자들은 내가 보내지 아니하였어도 달음질하며 내가 그들에게 이르지 않았어도 예언하였은즉, 그들이 만일 나의 회의에 참여하였다면 내 백성에게 내 말을 들려서 악한 길과 악한 행위에서 돌이키게 하였으리라”고 말씀합니다.

위 구절들의 배경은 이렇습니다. 그 당시에 예레미야 같이 하나님이 분연히 광야에서 일으킨 하나님의 참 종과 참 선지자가 있었는가 하면, 궁전과 성전에서 45명, 500명, 700명, 혹은 800명까지 고용된 전문 예언자들이 있었습니다. 그들은 직업적으로 예언만 하는 자들이었습니다. 과거로부터 예언자들과 모세를 연구하여 예언으로 밥을 먹고 사는 예언에 능통한 사람들입니다.

참으로 놀랍게도 이 전문적인 예언자들과 광야에서 갑자기 일어난 예언자들의 예언이 서로 일치 하지 않을 때, 예를 들어 850명이 A라고 말하고 한 명이 B라고 말하면, 꼭 한 명이 말한 것이 맞았던 것입니다. 평상시에는 A라는 사람들이 맞다가도 위급할 때 예언이 서로 대치가 되면 꼭 B가 맞습니다.

미가, 미가야, 아모스, 예레미야, 이런 사람들이 이구동성으로 주장하는 것이 이것입니다. ‘나는 너희들이 가끔 하나님의 계시를 받고 몽사(꿈)도 꾸어서 하나님이 이 나라를 어떻게 움직이느냐 하는 그 방향을 제시하는 것을 인정한다. 그러나 너희와 나는 근본적으로 다르다. 나는 여호와의 회의에 들어간다.’ 여호와의 회의는 여호와의 밀실입니다. 예레미야 23:18, 22, 그리고 아모스 3:7에서 보는 바와 같이 여호와께서는 그 종, 선지자들에게 자기 비밀을 계시하지 않고는 결단코 행하지 아니하십니다.

지구상의 정치도 대통령이 직접 말하기 보다는 대변인을 통해서 이루어집니다. 대통령의 의중은 대통령의 말을 대변하는 대변자가 다른 사람들보다 정확하게 아는 것입니다. 마찬가지로, 하나님은 그 종들과 그 선지자들, 하나님의 가까운 종들에게 이 비밀을 계시하지 않고는 일하지 않으십니다. 대변자가 정견을 발표한 다음에 정권이 움직이는 것처럼 하나님의 왕권도 똑같습니다. 하늘나라의 우주 정권과 하나님의 왕국(Kingdom of God)의 정치, 하나님의 통치가 이와 같습니다.

하나님의 종들의 입에서 나가는 대변, 계시의 말씀을 던진 다음에 하나님의 정권이 움직입니다. 우리는 주의를 기울여야 합니다. 하나님이 선지자들, 종들을 통해서 무슨 말씀을 하시는지, 자기 말로 지어서 여기저기서 짜깁기 한 주석이나 남의 설교 가지고 하는 메시지 말고, 여호와께서 직접 하시는 말씀에 귀를 기울여야 합니다. 왜냐하면 내 개인사와 가족과 민족과 열방의 역사가 거기에 담겨 있기 때문입니다.

여기에서 말하는 '비밀' 이라는 단어는 히브리어로 'sod, סוד' 라는 말입니다. 이것은 다시 해석하면 여호와께서는 여호와의 회의에 들어간 선지자에게 회의에서 말하지 않고는 역사하지 않는다는 것이다. sod의 근본 정의는 '다른 사람은 비집고 들어올 수 없는 아주 친밀한 사이', '부부사이', 너무 친해서 목숨이라도 넘겨줄 수 있는 친구 사이를 말합니다. 새벽 2시라도 전화가 오면 언제라도 달려 나갈 수 있는 피붙이 같은 친구 사이에나 말할 수 있는 친밀한 대화(시25:14, 잠3:22, 욥29:4) 또는 기밀(잠11:13, 20:19, 25:9, 욥15:8, 암3:7), 혹은 나쁘게 사용되면 쿠데타를 일으키기 위해서 사용되는 비밀 음모의 장소처럼 다른 사람은 못 들어오는 곳이라는 뜻입니다.(시55:15) 예수님도 요한복음 15장 15절에 "이제부터 너희를 종이라 하지 아니하리니 종은 주인의 하는 것을 알지 못함이라 너희를 친구라 하였노니 내가 내 아버지께 들은 것을 다 너희에게 알게 하였음이니라."고 했습니다.

° 영적 성장단계

하나님의 백성들과 종들의 영적 성장에는 단계가 있습니다. 먼저는 종의 단계가 있습니다. 순종을 많이 하면 종의 단계에서 친구의 단계로 올라가게 됩니다. 친구의 단계는 친구 사이로 비밀이 없습니다. "내가 아버지께 들은 것을 너희에게 다 알게 하였음이라."(요15;15)라고 말씀하신 것처럼 하나님께서 다 알게 하는 것입니다. 나의 삶, 교회가 가야할 길, 가족과 부모의 사업, 멀리 외국에 나가 있는 동역자의 사역이 어떻게 될지 하나님께서 말씀하시는 단계입니다. 하나님께서 여호와의 회의에서 이야기하시는 것입니다. 거기에서 한 단계 더 깊이 들어가면 예수님의 신부의 단계에 들어가게 됩니다.

이처럼 하나님과의 관계의 발전 단계는 다음과 같습니다.

① slave, 노예의 단계

② servant, 종의 단계, 인격적인 신하

③ children, 자녀의 단계

④ friend, 친구의 단계

⑤ wife, 여호와의 신부까지 성장해서 들어가게 되는 것입니다.

우리가 여호와의 친구가 되면 여호와의 회의로 초청되어 여호와께서 긴밀하게 말씀해 주셔서 움직이게 됩니다. 내 뜻은 절대로 이루어지지 않기 위해서 소원기도를 십자가에 못 박고, 내 뜻대로가 아닌 오직 아버지의 뜻대로 움직이는 존재론적인 혁명, 인식론적인 혁명을 이루어서 이제는 나 중심이 아니라 하나님 중심으로 지구촌적인 크리스천, 세계적인 크리스천이 되어야 합니다. 제가 말하는 세계적인 것은 영적으로 완전히 성장한 크리스천을 말하는 것으로, 만민을 품고 만만을 위하여 기도하는 사람입니다.

내 명예, 내 나라, 내 뜻은 제거하고, 오직 아버지의 나라, 아버지의 명예, 아버지의 뜻을 위해 계속 기도하십시오. 아버지와 우리 뜻이 하나가 되어서 주님과 동행함으로써 서로 비밀이 없는 사이가 될 것입니다. 주님과 더불어 먹고 동거 동락하는 사이(계3:20), 주님과의 연합(요15), 그것이 우리를 향한 하나님의 뜻입니다.

저는 무시로 성령 안에서 예수님이 시키는 기도를 해 왔습니다. "하나님, 당신의 뜻이 이루어지이다." 그러면 하나님이 말씀하십니다. 오늘 누구를 만나야 하는 지, 어디로 가야 하는 지, 무엇을 해야 하는 지를 가르쳐 주십니다. 우리가 하나님과 동행하면 하나님께서 우리의 삶을 인도하여 주십니다.

"하나님의 뜻은 이것이니 너희의 거룩함이라."(살전 4:3)

우리는 하나님 앞에 정직하고 진실하게 나가야 합니다. 제가 아침, 저녁으로 제단을 쌓고 아침에 엎드릴 때 주기도문으로 엎드립니다. '하나님, 하늘들에 계신 우리 아버지' 하고 기도를 시작하면 내 영혼이 여호와의 임재에 확 사로잡히게 됩니다. 그렇게 기도하면 교회에서 뿐만 아니라, 길거리에 가다가도 하나님의 음성이 들립니다.

하나님께서 나에게 제일 많이 하시는 말씀은 '내가 오늘 너와 함께 할 것이라' 는 말씀입니다. 그 다음은 '내가 너를 사랑한다' 그리고 '염려하지 마라' 입니다. 성경에 염려하지 말라가 365번 있습니다. 1

년이 365일 인데 사람들이 매일 염려하니까 매일 염려를 주께 맡기기를 원하시는 주님께서도 365번 말씀하신 것입니다.

우리가 내일을 떠올리며 걱정하는 그 내일은 95%가 안 이루어집니다. 그러므로 걱정하는 그 시간에 오히려 기도에 힘쓰시기를 바랍니다. 아침에 일어나서 오늘과 내일의 염려를 주께 맡기고 주기도문으로 기도하면 하나님으로 충만하게 됩니다. '나의 나라가 이루어지기 위하여 너는 오늘 이것을 순종해라. 내 뜻이 나타나기 위해서 이렇게 해라. 오늘 내 명예를 나타내기를 원하느냐? 아버지의 명예에 그렇게 관심이 있느냐? 이것 이것을 조심해라.' 라고 말씀하십니다. 저녁에도 주기도문으로 또 엎드립니다. 그러면 또 무엇을 회개해야 하는 지를 가르쳐 주십니다.

우리가 어찌 죄를 안 짓겠습니까! 우리가 죄 없다 하면 거짓말하는 자이지만, 참 회개하는 자에게 자비하신 주께서는 우리의 죄를 용서하실 뿐만 아니라 하늘의 기쁨을 선물로 주십니다.

우리가 회개하면 우리의 자아가 제거되어 죄의 문제가 해결되고 자아의 정욕과 욕망과 소원이 없어져서, 그 비어진 공간에 예수 그리스도가 들어오시게 됩니다. 생명의 떡이신 예수님이 내 안에 들어오셔서 내가 예수화 되는 것입니다. 그래서 이제는 내가 사는 것이 아니라 내 안에 예수가 사는 것이요. 우리가 말하는 것은 하나님이 말하는 것이요. 우리가 행동하는 것은 하나님이 움직이는 것이 되는 것입니다.(빌2:12)

예수님을 만난 사람 중에 잘 안 된 사람이 어디 있습니까? 형통하지 않은 사람이 어디 있습니까? 또 용서함 받지 못한 사람이 어디 있습니까? 인간 취급 못 받는 쓰레기 같은 존재들이 예수님을 만나서 신의 성품을 받아 거룩한 하나님의 위엄 있고 존귀한 존재로 만들어졌습니다. 어명기도로 우리가 충만해져서 기도로 회개하고 여호와의 회의에 참여하기를 주님의 이름으로 축원합니다.

위로부터의 기도(prayer from above)

기도에는 두 가지가 있습니다. 하나는 밑에서 '위로 올리는 소원기도(prayer from below)' 입니다. 이것도 신앙적으로 어릴 때는 해야 합니다. 어린 아이가 '응애 응애~' 하고 울어야 젖을 주지, '아버지 뜻대로 하시옵소서' 하면 얼마나 징그럽겠습니까? 어릴 때는 미성숙한 기도도 해야 합니다. 왜 그렇지 않겠습니까?

그러나 언제까지나 어린 시절로 남아있을 수는 없습니다. 우리가 하나님 안에서 성숙하게 되면 '위로부터 시키는 기도(prayer from above)' 를 하게 됩니다. 대부분의 그리스도인의 경우에 소원기도와 아버지가 명하시는 '위로부터 시키는 기도' 를 동시에 하게 되는데 시간이 지날수록, 주님과 동행할수록, 아버지가 시키시는 '위로부터의 기도' 가 많아지게 됩니다.

'어떻게 하면 주님의 뜻이 이루어집니까?' 하고 기도하면 '이것을 기도해라' , '누구를 위해 기도해라' 하시는 구체적인 하나님의 인도하심을 경험할 수가 있습니다. 하나님이 시키시는 기도를 하면 대개 즉각적으로 응답이 있습니다. 그것이 주님의 뜻 안에서 기도하는 것이기 때문입니다. 그래서 성령 안에서 무시로 기도하는 것은 성령이 시키는 기도를 하는 것입니다.

성령님이 감동하셔서 갑작스럽게 어떤 사람을 위해서 기도를 시키시는 때가 있는데, 대개의 경우 그 사람이 위기에 처해 있을 때입니다. 그런 경우가 아주 많이 있습니다. 어떤 경우에는 기도할 때 내 옆구리가 아프거나 다른 부위에 통증이 느껴질 때도 있습니다. 하나님께서 그리스도의 몸을 통해서 시키는 기도인 것입니다.

하나님은 저에게 우리 민족을 위해서 기도를 많이 하게 하셨습니다. '너희 나라 경제가 10위까지 가도록 기도해라' 하셔서 그것을 7~8년 동안 기도했습니다. '그 다음에 G7에 들도록 기도해라' 고 해서 기도하고 있습니다. 이렇게 위로부터 시키는 기도는 하나님이 하시겠다는 것을 시키는 대로 기도하는 것입니다. 그래서 하나님의 뜻을 받아서 기도를 하면 그 뜻이 하늘에서 이루어진 것처럼 우리의 기도를 통해서 땅에서도 이루어지는 것입니다. 이것이 기도가 깊어지는 것입니다.

우리의 자녀도 같은 경우입니다. 저처럼 자녀를 위해 내 뜻을 세워 하나님께 소원기도 드리다가 하나님과 불편한 관계가 되지 말아야 합니다. 우리는 힘을 다해 기도하는데 하나님은 '아! 또 자기 뜻만 내세우는 구나. 떼 좀 그만 써라' 하신다면 우리와 하나님과의 관계는 매우 불편하게 됩니다.

하나님은 우리가 사심 없이 하나님이 좋아서 기도하는 것을 매우 기뻐하십니다. 우리가 하나님께 무릎을 꿇을 때 하나님이 '왜 왔니?' 하고 묻는다면, '하나님이 좋아서 왔어요' 라고 대답할 수 있다면 하나님은 너무 너무 기뻐하실 것입니다. 뭘 달라고 기도하는, 그래서 '매일 필요할 때만 찾아오는구나!' 라고 하나님이 불편해 하시는 사이가 되지 말아야 합니다.

기도의 방향은 하나님 뜻이 이루어지는 것을 향해 있어야 합니다.

하나님을 깊이 알아가게 되면 하나님께서도 우리의 자녀에 대해서 관심이 지대하다는 것을 실감할 수가 있습니다. 우리의 자녀를 하나님께 맡기고 그 분의 소유임을 고백할 때 하나님께서 자녀가 살아야 할 방향을 가르쳐 주십니다. 인간의 안식과 평화, 진정한 기쁨과 평안이 어디 있겠습니까? 하나님이 그 사람에게 목적한 방향으로 살아가는 것이 행복입니다. 그것이 진짜 인생의 기쁨이 아니겠습니까?

만일, 하나님이 원하시는 특정한 곳에 자녀를 쓰시기 원하시는데 우리가 부모의 욕심으로 하나님이 자녀들을 향한 뜻에 부합되지 못한 방향으로 자녀들을 이끌어 가면 계속 하나님의 원수가 되어 하나님의 진노가 자기에게만 쌓이게 할 뿐 아니라 자식들에게도 쌓이게 되는 것입니다.

우리의 자녀부터 시작해서 우리의 갈 길, 우리의 행할 바가 하나님의 뜻 안에서만 이루어져야 우리에게 하늘의 진정한 평강이 임합니다. 우리의 하나님 여호와의 뜻만이 우리에게 대로가 됩니다. 요나가 자기 뜻 세우다가 하나님과 원수가 되어 고래 뱃속에서 고생한 것처럼 하지 말고, '무거운 짐을 나 홀로 지고 견디다 못해 쓰러질 때' 그렇게 노래하지 말고, 나 같은 것을 들어 쓰시는 하나님께 기쁜 마음으로, 매일 기쁘게 순례의 길을 걸어가야 합니다. 자기의 뜻을 자꾸 제거하여 여호와의 뜻에 사로잡혀야 합니다. 진정으로 하나님이 우리의 행복을 제일 염려해 주십니다. 하나님 안에서만 참 기쁨과 행복과 안식이 있습니다.

그러니 하나님께 다 내려놓고 맡기십시오! 그러면 하나님의 뜻이 이루어집니다. 우리의 기도 중에 소원기도가 많은 비중을 차지하다가 점점 위로부터의 기도가 많아지게 되면 우리에게는 혁명이 일어나게 됩니다. 그것은 우리의 존재가 혁명되는 존재론적 혁명입니다. 우리는 지구 중심이 아니라 태양 중심으로, 미개한 그리스도인에서 영성이 풍부하게 성장하고 영의 세계에 눈이 뜨인 그리스도인이 됩니다. 이런 사람들에게 이 지상 세계도 정복하는 권세를 주님께서 허락해 주시는 것입니다.

"내 안에도 계시고 어디든지 계신 아버지의 명예와 왕국과 뜻을 위해서 간절히 기도합시다."

십일조의 기도(하루 3시간)

'하나님의 뜻을 위해 내 뜻이 완전히 사라지게 하려면 우리의 기도는 습관이 되어야 합니다. 여호와의 보좌 앞에 날마다 3시간은 기도해야 합니다. 그래야 기름부음을 받을 수가 있습니다. 자기를 몰아내고 예수님이 나를 주관할 수 있도록 하기 위해서는 적어도 하루의 십일조라 할 수 있는 3시간 정도는 무릎 꿇는 시간이 있어야 되는 것입니다. 여호와의 보좌 앞, 주의 보좌 앞에 어린양의 옆구리에서 피가 흘러 강을 이루어야 합니다.

하나님은 신령과 진정으로 예배드리기를 원하십니다(요 4:24). '신령(神靈)과 진정(眞情)'에서의 '신령과 진정'의 뜻을 보통 한국 강단에서는 '성령과 말씀'으로 해석합니다. 성령으로 예배드려야 되고, 말씀으로 예배드려야 한다고 강조합니다. 다시 말하면 성령 안에서, 그리고 진리 안에서 예배드려야 한다는 의미입니다. 그러나 '진정'의 뜻은 말씀이라는 뜻 외에 다른 뜻이 또 하나 있습니다. 그것은 "있는 그대로(in reality)" 입니다. 있는 그대로 하나님 앞으로 나오라는 뜻입니다.

'하나님, 내가 또 아내에게 상처를 주었습니다.' 하면서 이렇게 진실하게 하나님께 나아가는 그것이 하나님이 받으시는 예배인 것입니다. '하나님, 내가 또 거짓말했습니다. 가슴이 아파 죽겠습니다.' 어떤 때는 '하나님 내가 또 거짓말했는데, 양심에 가책도 안 됩니다.' 그렇게 있는 그대로 하나님께 내려놓고, 진실한 마음으로 드리는 예배가 진정한 예배입니다. 있는 그대로 나오라는 말씀은 껍데기를 쓰지 말라는 것입니다. 자신의 참 모습을 가리는 가면을 쓰지 말라는 것입니다.

신령과 진정에서 '진정'의 반대는 '외식'입니다. 진실함(reality)의 반대는 가면(hypocrasy)입니다. 우리는 자칫 종교 가면을 쓰고, 종교 액션연기를 하는 경우가 있습니다. 슬프지도 않은데 눈물을 짜내는 연기를 배우들이 하듯이, 감동도 없는데 감동되는 것처럼, 마음에 기쁘지 않은데 기쁜 것처럼, 예배 분위기를 잡는 찬송을 부릅니다. 이러한 경배와 찬양은 하나님으로부터 받아들여지지 않고 오히려 하나님의 마음을 무겁게 하는 것입니다. 그러한 찬양은 자칫 자신들만 즐기는 것으로 전락해 버릴 위험성을 내포하고 있습니다. 즉 엔터테인먼트화 할 개연성이 있는 것입니다. 예배의 초점은 하나님이시기 때문에 우리는 예배를 통해 오직 하나님만을 높이며 영광과 존귀를 드리는 것이지, 예배를 연출(performance)을 하는 것이 아닙니다.

그러므로 우리가 조심해야 할 것은 우리의 예배가 가식으로 치닫지 않도록 하는 것입니다. 중심을 꿰뚫어 보시는 하나님 앞에서 외식하지 않는 것입니다. 우리의 기도에는 진실함이 있어야 합니다. 우리는 영혼 깊은 곳에서부터 하나님이 너무 너무 좋아서 눈만 감으면 보좌에서 생수가 흘러서 찬양치 않고는 못 배기는 감격으로 찬양해야 합니다. 기도와 찬양은 하나님께 드리는 향으로서(계5:8), 우리가 찬송하고 기도하는 중에 주님을 만나게 됩니다.(시22:3) 우리가 한 소절만이라도 진실하게 우리의 모습을 있는 그대로 찬양하면 하나님의 영이 우리에게 임하게 될 것입니다. 기름부음을 받은 그리스도께서 우리에게 기름부을 때만이 참 기쁨과 평화가 있습니다. 우리는 하나님의 기름부음을 받기 위해서 여호와의 보좌로 날마다 나아가야 합니다. 그것이 하나님이 원하시는 일입니다.

예수님도 이 땅에 계실 때 참으로 하나님께 기도와 간구를 많이 올렸으며 제자들을 위하여 중보기도 하셨습니다. 우리의 기도의 내용은 만민을 위해 기도하셨던 예수님의 기도와 같아야 합니다. 우리 육체는 하나님이 거하시는 성전입니다. 하나님의 성전은 만민을 위해서 기도하는 집이라고 성경은 말합니다(막 11:17). 한국어 성경에는 성전이 '만민의 기도하는 집이라'고 번역되어 있어, 우리는 흔히 "만민이 기도하는 집"이라고 알고 있습니다만 '만민의'가 아닙니다. 히브리어나 헬라어 원문을 직역한 영어성경을 보면 "Temple of God praying for all nations"이라고 해서 '만민을 위해서 기도하는 집'이라고 나와 있습니다.

솔로몬도 그의 기도를 통하여 성전을 지었을 때에 이 예루살렘 성전으로 인해 만민을 위해 중보함으로써 말미암아 열방이 구원받게 되었습니다.(왕상8:22-54) 솔로몬은 하나님의 성전에 세계 각국의 이방인들이 하나님의 이름과 능력에 대해 듣고 몰려와 기도하게 될 것을 기대하며, 세계 모든 사람들이 기도할 때 그들의 기도에 응답해 달라고 기도하였습니다.(왕상8:41-43) 솔로몬의 간절한 중보기도의 응답 중 하나가 바로 스바 여왕의 방문이었습니다.(왕상10:1-13) 스바 여왕은 솔로몬의 지혜와 업적을 듣고, 솔로몬 왕국의 번영을 확인한 후에 이스라엘 하나님을 찬양했습니다.(왕상10:9) 솔로몬은 이렇게 성전으로 만민을 모을 뿐만 아니라(왕상4:29-34; 10:23-25) 선교하기 위해서 성전이 지어졌다는 목적을 명백히 알려주고 있습니다.

하나님께서 우리에게 육체를 주신 목적도 성령님이 우리 육체 속에 거하셔서 만민을 위해서 말할 수 없는 탄식으로 기도하기 위해서입니다.(롬8:26) 어떤 사람이 잘못된 길로 들어선 모습을 보았다면 즉각 그 사람을 위해서 중보 회개해야 합니다.

예수님은 우리를 위해 변호해 주시는 분입니다. 보혜사라는 뜻도 변호사라는 뜻과 같습니다. '대언자' 라고 요한1서에 번역되어 있기도 하지만, 원어 '파라클레이토스(παρακλητος)' 는 '변호사' 라는 뜻입니다. 우리의 대언자이신 예수님은 친히 피흘리심으로 우리를 변호해 주셨던 변호사이십니다. 지금도 변함없이 우리 죄를 계속 씻어주시는 변호사이십니다. 아내의 죄, 남편과 자식의 죄, 부모의 죄, 민족의 죄, 만민의 죄를 위해 기도하여 우리를 향한 하나님의 뜻이 예수님 안에서 이루어지게 하는 것이 우리의 할 일입니다.

기도를 하는 사람에게 하나님이 원하시는 기도는 '올바르게 기도하는' 것입니다. 우리의 욕심에 근거한 기도가 아니라 진정으로 하나님께서 기뻐하시는 기도를 진실함으로 하면 우리의 기도는 보좌 앞에 올라가게 됩니다. 특별히, 회개 기도할 때가 그렇습니다. 왜냐하면 회개 기도할 때 우리의 자아가 뽑아지고 그 뽑아진 빈 공간에 예수님이 들어가기 때문입니다.

다시 말하지만, 주기도문은 자기를 십자가에 못 박는 기도입니다.

그래서 내 소원은 이루어지지 않게 해달라고 많이 기도해야 합니다. 우리가 특히 조심해야 할 것은 소원기도에 있습니다. 소원기도를 많이 하면 사단에게 잡힐 위험이 높아집니다. 왜냐하면 사단이 소원으로 표현되는 우리의 욕심을 갈고리로 꾀어 우리의 영혼을 장악하려고 시도하기 때문입니다.

우리의 영혼의 소원이 여호와 외에는 그 어느 것도 없어야 합니다. 대부분이 여기에 신앙이 걸려서 성장을 못하고, 여기서 멈춘 많은 주의 종들과 사역자들과 많은 성도들의 마음에 평강과 안식이 없습니다. 하나님이 우리를 부르신 이유는 우리의 삶이 평강과 안식으로 사로잡히게 하기 위함입니다. "그리스도의 평강이 너희 마음을 주장하게 하라 평강을 위하여 너희가 한 몸으로 부르심을 받았나니."(골 3:15)

우리 속에 그리스도의 평강이 충만하면 그리스도의 말씀이 우리 속에 충만하게 거하게 되어, 하나님이 말씀을 하기 시작합니다. 그렇기 때문에 안식과 평안, 가나안 땅에 들어가는 것이 매우 중요합니다. 죽어서 들어가는 것이 아닙니다. 지금 여기서 말씀으로 역사를 이루시는 여호와의 보좌가 내 속에 완전히 현실화(realization)되면, 거기에 그리스도의 말씀이 풍성히 거하는 것입니다. 말씀이 우리를 인도합니다.

여호와의 말씀은 흔히 말하는 기록된 복음만을 의미하는 것이 아닙니다. 요한복음에 분명히 성령이 오시면 그가 너희에게 말한 것을 기억나게 하며, 두 번째 장래 일을 너희에게 알리시리라 하셨습니다(요 16:13). 성령님은 절대 은퇴하지 않으셨습니다. 단지 신학자들이 은퇴시켜 놓았을 뿐입니다.

여호와의 보좌 앞에 매일 2-3시간 엎드리면서 여호와의 신에 잡혀서 살기 시작하면 무슨 일이 일어나겠습니까? 예수께서 약속하신대로 성령을 선물로 받아 성령충만하여 땅 끝까지 증인되는 삶을 살게 될 것입니다.(행1:5,8, 2:38, 눅11;13) "백성이 다 세례를 받을새 예수도 세례를 받으시고 기도하실 때에 하늘이 열리며 성령이 형체로 비둘기같이 그의 위에 강림하시더니 하늘로서 소리가 나기를 '너는 내 사랑하는 아들이라 내가 너를 기뻐하노라!' 하시니라."(눅 3:21~22)

예수님은 세례자이십니다. 세례 요한이 사복음서에서 증언하기를, "나는 물로 너희에게 세례를 주거니와 나보다 능력이 많으신 이가 오시나니 나는 그 신들메를 풀기도 감당치 못하겠노라 그는 성령과 불로 너희에게 세례를 주실 것이요"(눅 3:16) 했습니다. 예수님은 '성령으로 세례를 주시는 자' 이십니다. 복음서뿐만 아니라, 사도행전 1장 4~5절에도 똑같이 나옵니다. "사도와 같이 모이사 저희에게 분부하여 가라사대 예루살렘을 떠나지 말고 내게 들은바 아버지의 약속하신 것을 기다리라. 요한은 물로 세례를 베풀었으나 너희는 몇 날이 못 되어 성령으로 세례를 받으리라 하셨느니라."

이와 같이 예수님은 성령으로 세례를 주시는 분입니다. 회개하고 엎드려 겸비하게 사모하는 자에게 성령을 선물로 주십니다. 예수님이 이렇게 성령으로 세례를 주기 위해서 네 번 성령체험을 한 것이 누가복음에 나오고, 에스겔서 47장에도 발목 성령체험, 무릎 성령, 허리 성령, 완전히 건너가지 못할 강이 되어 물에 잠기는 성령체험을 말씀하고 있습니다. 이것은 에스겔서에서 환상으로 본 것을 예수님이 그대로 성령체험을 하게 되는 것입니다. 누가복음에서 예수님의 두 번째 성령체험이 물 세례받는 장면에서 나타나는데, 백성이 다 세례를 받을 새 예수도 물세례를 받으시고 기도하실 때에 하늘이 열리며 성령이 그의 위에 강림하시는 것을 보게 됩니다(눅 3:21-22).

하늘은 우리가 기도할 때만 열리게 됩니다. 절대 잊어서는 안됩니다. 하늘은 신학박사 따야 열리는 것이 아니고 인간의 지혜로 열리는 것도 아닙니다. "아들과 아들의 소원대로 계시를 받는 자 외에는 아버지를 아는 자가 없느니라"(마 11:27)고 했습니다. 계시라는 단어는 없는 것을 있게 하는 창조가 아니라, 있는데 우리 눈이 어두워서 못 보다가 하나님이 열어주매 보게 되는 것입니다.

"너희는 주께 받은 바 기름 부음이 너희 안에 거하나니 아무도 너희를 가르칠 필요가 없고 오직 그의 기름 부음이 모든 것을 너희에게 가르치며 또 참되고 거짓이 없으니 너희를 가르치신 그대로 주 안에 거하라."(요일 2:27) 성령이 우리의 눈을 열어줍니다. 성경의 저자는 성령님입니다. 성령님의 가르침을 직접 받으며 우리 안에 있는 성령님께 여쭈면서 배워야 될 것입니다.

예수님이 부활하신 후에 성찬을 직접 하셨습니다.(눅 24:30) "저희가 강권하여 가로되 우리와 함께 유하사이다 때가 저물어 가고 날이 이미 기울었나이다 하니 이에 저희와 함께 유하러 들어가시니라."(눅 24:29) 예수님이 계시지만 우리의 눈이 어두워서 못 보는 것입니다.

"저희와 함께 음식 잡수실 때에 떡을 가지사 축사하시고 떼어 저희에게 주시매."(눅 24:30) 떡을 떼는 것은 성찬을 뜻합니다. "저희 눈이 밝아져 그인 줄 알아보더니 예수는 저희에게 보이지 아니하시는지라"(눅 24:31) 예수님과 함께 성찬하면서 눈이 밝아져서 예수를 알아보게 된 것입니다. 우리도 예수님의 살과 피를 먹게 됨으로 말미암아 눈이 열려져서 예수님이 우리의 주인임을 알게 됩니다. 예수님이 나의 주인이 되면 그때부터 우리 인생은 완전한 존재론적인 혁명속으로 들어가게 됩니다.

그래서 예수님이 나의 태양이고, 중심이고, 주인이 되어 인식론뿐만 아니라 삶 전체가 하나님과의 교통 속에 들어가게 되는 것입니다. 그러면 우리는 예수님과 비밀이 없는 친구 사이가 됩니다.

우리는 예수님처럼 성령의 강림을 위해서 기도에 힘써야 합니다. 힘을 쓰되 힘이 들지 않을 때까지 해야 합니다. 계속해서 기도가 몸에 밸 때까지 무시로 성령 안에서 기도해야 합니다.

지금, 한국 교회들이 성장을 멈추고 오히려 성도수가 줄고 있는 어려운 상황에 처한 이 때, 교회의 위기를 진단해보면 60~70년대에 일어났던 기도부흥이 제자양육으로 바뀌게 된 것을 볼 수 있습니다. 70년대 후반부터 여러 학생선교단체가 들어오면서 우리나라에 20년간 제자교육의 붐이 일어나서 선교운동까지 잘 번성했는데 이 운동이 제자교육화 되면서 사단이 한국교회를 속이고 있습니다.

저는 제자양육이 전적으로 잘못되었다고 지적하는 것이 아닙니다. 제자교육과 큐티(quiet time)의 최고 권위자들에게 직접 들은 말인데, 언제부터인가 제자교육을 하면서 기도하는 사람을 '무식하다고' 경멸하는 풍조가 생겼다고 합니다. '7~8분 큐티를 하면 하나님이 다 말씀하시는데 기도를 왜 하느냐?' 는 것입니다. 마귀가 완전히 한국교회를 속인 것입니다. 예수님께서도 밤과 새벽으로 눈물 가운데 심한 통곡 속에서 기도하셨습니다. 예수님도 그렇게 기도하셨거늘 우리도 말할 수 없는 탄식과 통곡으로 엎드려야 당연한 것이 아니겠습니까?

우리 기도가 하루의 십일조를 넘어가면 나머지 10의 9도 완전히 여호와께 사로잡히게 되어 있습니다. 무시로 성령 안에서 기도해야 됩니다. 기도에 힘이 안들 때까지 기도에 힘써야 될 것입니다.

히브리서 4장에 "안식에 들어가기를 힘쓰라"라고 말씀합니다. 쉬기 위하여 힘쓰십시오. 그래서 옛날에는 노력의 사람이었지만 하나님께 맡기는 사람이 됨으로 아버지가 내 속에서 그의 일을 하시는 것을 경험하게 됩니다.(빌1:6, 2:12) 하나님이 하시면 굉장히 쉽습니다. 하나님이 하시도록 여호와께 사로잡혀야 할 것입니다.

다시 누가복음 3장 21절을 살펴봅니다. '하늘이 열리며'의 '열리다'의 동사가 아노이고($\alpha\nu o \iota \gamma \omega$)입니다. 이 단어가 또 쓰인 곳은 예수님이 운명하실 때에 성전의 휘장이 '찢어졌다'에 쓰였습니다. 이 휘장은 코끼리 두 마리가 서로 당겨 찢으려 해도 안 찢어지도록 정교하게 짜여진 것인데, 오늘날 다시 만들려면 50억 정도가 든다고 합니다.

하나님이 위로부터 '찢으셨다'가 바로 '열리다'의 뜻입니다. 예수님께서 기도하실 때에 하나님이 기뻐셔서 가볍게 하늘을 여신 것이 아니라 강력하게 쫙쫙 찢듯이 하늘을 열으신 것입니다. 마찬가지로 우리가 보좌 앞에 엎드릴 때 하나님이 하늘을 활짝 열어주실 것입니다.

'성령이 형체로 강림하시다'할 때 '형체로'가 '쏘마티코($\sigma\omega\mu\alpha\tau\iota\kappa\omega$)'입니다. 이 단어를 알려면 '스키아($\sigma\kappa\iota\alpha$)'라는 단어를 알아야 합니다. 스키아는 눈에 보이는 것이 아닙니다. 굴에 모닥불을 피웠을 때 그 모닥불에 사람의 형체가 비춰져서 벽에 그림자가 투영되는데, 그림자는 허상입니다. 허상은 실체가 없어지면 사라집니다.

이 껍데기, 허상, 그림자, 이것을 말할 때 '스키아'라고 합니다. 플라톤이 말하기를 이 '스키아'는 삶을 살지 않는 허상이고, 실제적인 인생을 말할 때는 '쏘마티코'라고 했습니다. 실제를 살기 위해서 플라톤은 철학자가 되기를 권유했습니다. 또 이 육체의 정욕을 해방하기 위해서 명상을 10년 정도 하면 이데아의 세계로 들어간다고 말했습니다. 그러나 우리는 성령 안에서 이보다 더 실제를 살게 됩니다.

쏘마티코는 실제로 물건을 만지는 것 같고, 몸에 완전히 느껴지는 듯한 것입니다. 성령이 형체로 '비둘기 같이' 임하심은 내가 형체를 만지듯이 몸으로 분명히 느껴짐을 알 수 있다는 뜻입니다. 손가락 끝에도 느껴지는 성령님, 이 성령님께 완전히 사로잡히니까 하늘의 소리가 들리게 됩니다. '너는 내 아들이라 내가 너를 기뻐하노라' 하나님이 나를 기뻐한다는 말을 들으면 하늘이 내 속에, 우주가 내 속에 들어오는 느낌입니다.

참 종 되기

참 종 하나가 나오면 민족이 살게 됩니다. 민족의 지도자라 자처하는 국회의원 백 명, 천 명 있어봤자 그 마음에 하나님을 향한 진실함이 없다면 아무 소용이 없습니다. 하나님은 하나님을 알지 못하는 사람 백 명과 참종 하나를 바꾸시지 않습니다. 그래서 하나님이 명령하신 주기도문으로 자꾸만 엎드려야 되는 것입니다.

말씀의 사역은 보좌 앞에 날마다 엎드림으로 하나님의 영이 충만한 가운데 해야 합니다. 선한 사람은 그 쌓은 선에서 선한 것을 내고, 악한 사람은 그 쌓은 악에서 악한 것을 내는 것입니다(마 12:35). 사람의 마음에 가득한 것이 입으로 나오게 되는 법입니다(눅 6:45). 보좌 앞에 엎드려서 하늘 문이 쫙쫙 찢어지고 성령이 형체로 완전히 느껴져서 나를 완전히 사로잡으면 성령이 가득찬 만큼 말이 나오는 것입니다. 그래서 요한복음 3장 34절에 '하나님의 보내신 이는 하나님의 말을 하나니 이는 하나님이 성령을 한량없이 주심이니라'고 하신 것입니다. 성령을 한량없이 예수에게 부어주었기 때문에 그 기름부음으로 하나님의 말을 하게 된다는 말씀입니다.

하나님의 영이 충만하지 아니하고, 하나님을 제대로 알지 못하고 가르치고 설교하고 예배하면 식당에서 메뉴판만을 가지고 음식을 말하는 것과 같습니다. 식당의 메뉴판만 가지고 음식의 종류만 말해주면 무슨 소용이 있겠습니까? 냉면을 가지고 아무리 설명해도 이해가 되지 않지만 냉면을 먹어보면 자연스레 냉면의 맛을 알게 됩니다. 이와 같이 성령으로 말미암아 예수의 피와 살을 먹고 마실 때에 하나님의 영이 우리가 숨만 쉬어도 느껴질 정도로 성령이 우리 속에 깊숙이 들어옴을 느끼게 될 것입니다. 하나님의 영이 우리 속에 깊숙이 들어오시기 위해서 엎드리고, 엎드리고, 또 엎드려서 성령의 기름을 충만하게 받아야 할 것입니다.

우리가 껍데기만 가진 자처럼 성도들을 백 명, 천 명, 만 명 모아놓고, '곰탕, 불갈비'하면서 메뉴판만 보여주지 말고 그 날 먹고 풍성해서 오천 명을 먹이고 나머지를 열두 광주리에 모을 수 있는 종들이 될 수 있도록 겸비함으로 하나님의 보좌 앞에 무릎 꿇어야 될 것입니다.

이와 같이 되기 위해서 설교자는 설교를 하기 전에도 마음을 청경하게 해야 하지만 설교한 다음에, 반드시 회개하고, 하나님의 일을 한 다음에도 회개를 해야 합니다. 밥을 먹기 전에 그릇을 깨끗이 닦아 준비해 놓았듯이, 밥을 먹은 다음에도 밥그릇을 깨끗이 닦아 두어야 합니다. 그릇이 큰 잘못을 안 했어도 그릇이 쓰임을 받았으면 지저분해지기 때문에 닦아야 합니다. 설교하고 기도하고 하루 살고 회개해야 합니다. 마치 제사장들이 성막에 들어가지 전과 후에 손과 발을 씻었던 것과 마찬가지 원리입니다.

예수님이 베드로에게 '내가 네 발을 닦지 않으면 나는 너와 상관이 없다' 고 말씀하셨습니다(요 13:8). 어린양의 옆구리에서 흘러나오는 피와 물로 날마다 정결하게 씻어야 합니다. 정결케 된 그릇을 하나님이 쓰십니다. 그러니 손가락 끝, 발가락 끝까지 여호와의 신이 충만하게 강림하시도록 기도하십시오.

우리가 예수님과 동행하기를 원한다면 예수님과 의합해야 합니다. 또한 하나님께서 원하시는 뜻이 무엇인지 알아 그 뜻에 순종하는 생활을 해야 합니다.

베드로가 '예수님, 당신은 그리스도시니이다' 라고 고백하는데 3년이 걸렸습니다.

그리스도는 십자가에 돌아가셔야만 그리스도의 왕관을 쓸 수가 있습니다. 사랑의 왕, 희생의 왕, 겸비의 왕이시기 때문에 십자가에 돌아가셔야 되는데 베드로가 예수님이 십자가에 돌아가시는 것을 막을 때, 예수님은 '사단아 물러가라' (막 8:33)고 꾸짖으셨습니다. 예수님께서 베드로 뒤에 있는 사단에게 사단이라고 안 하고, 베드로에게 사단이라고 하셨습니다.

"나더러 주여 주여 하는 자마다 천국에 다 들어갈 것이 아니요, 다만 하늘에 계신 내 아버지의 뜻대로 행하는 자라야 들어가리라"(마 7:21)고 했습니다. 이 말씀은 입술로는 하나님을 공경하나 마음은 하나님으로부터 먼 자들에 대한 경고입니다. 즉 주님을 부르는 자들의 말과 행동이 일치하지 않으며, 하나님의 뜻과 다른 것에 대한 경고입니다.

'예수를 주로 시인한다(롬 10:9)'에서 '시인하다'가 '호모로게오 (ομολογεω)'입니다. '로게오'는 '말하다'이고, '호모'는 '같다'는 뜻입니다. 그래서 호모로게오는 '예수님과 똑같은 말을 한다'는 뜻입니다. 예수님과 똑같이 말하려면 예수님하고 그 영과 사상이 같아야 합니다. 우리가 예수님과 보내는 시간만큼, 우리는 예수님을 닮아가게됩니다. 예수님처럼 생각하고 행동할 수 있도록 날마다 주님과 동행하기를 사모하며 늘 기도에 힘써야 합니다.

초신자들은 예수님이 주인이신 줄 모르고 단순히 감정적으로 '시인'하는 경우가 많습니다. 그래서 한국 교회의 성도들에게는 거짓말의 영이 많이 들어가 있습니다. 알지도 못하는데 구원의 확신 같은 시인을 시켰기 때문입니다. 이것은 엄밀하게 따지면 영적인 사기입니다. 그래서 구원받았다고, 믿는다고 하지만 행동으로는 완전히 엉뚱한 짓을 하는 것입니다. 심지어 오래 교회를 다니는 사람들조차 구원의 확신도 없이 입술로만 고백하고, 형식적인 신앙생활을 할 때가 있습니다. 그러나 '주의 이름으로 선지자 노릇을 해도 내가 너를 도무지 알지 못한다'고 말씀하셨다는 것을 기억해야 합니다.

"불법을 행하는 자들아 나에게서 떠나라"(마 7:23) 지옥에 갈 목사들이 허다하게 많거늘 그 밑에서 배우는 사람은 나란히 소경이 소경을 인도하여 함께 지옥가게 되는 것입니다. 그러니 우리와 우리를 통해서 목양을 받는 사람, 우리의 손에 하나님이 붙여준 사람들 중에 한사람도 천국에서 제거당하지 않기를 소망해야 합니다. 하나님께서 나에게 맡겨진 영혼을 100% 천국 보내려고 부둥켜안고 기도하는 자가 참 목자입니다. 맡겨진 영혼들을 위해서 목숨을 바치라는 것이 하나님이 우리에게 주신 사명입니다. 그렇기 때문에 목자는 아무나 못합니다. 하나님의 부르심, 소명이 확실해야 합니다. 하나님의 마음이 있어야 합니다.

정리

주님께서 명령하신 어명기도의 앞 단락을 정리해 보겠습니다.

첫째는 하나님의 이름을 위해서 기도하며, 둘째는 하나님의 왕국을 위해서, 셋째는 하나님의 뜻을 기도해야 합니다. 그런 다음, 우리 인간사를 위해서 기도하는 것입니다.

하나님의 명예와 이름을 위해서 내 명예를 십자가에 못 박고, 하나님의 왕국 번성을 위해서 내 왕국을 쪼개면 하나님의 왕국이 이루어지게 됩니다. 내 뜻을 완전히 제거하고 거기에 하나님의 뜻으로 채우면 하나님의 왕국이 이루어지게 되는 것입니다. 그래서 자기 소원을 없애 달라고, 자기 뜻이 이루어지지 않게 해달라고 하는 기도를 굉장히 많이 해야 합니다. 그 기도를 많이 해야 하나님과 나의 뜻이 궁극적으로 맞게 됩니다. 두 사람의 뜻이 의합되어야 동행할 수 있기 때문에 하나님과 우리의 뜻이 의합 되어야 하나님과 동행할 수 있습니다. 우리가 하나님하고 뜻이 맞으려면 자꾸만 내 뜻을 제거해야 합니다.

목표가 분명한 사람은 하나님의 제자가 되기 어렵습니다. 소원이 많은 사람은 예수님의 제자 되기가 어렵습니다. 목표가 분명하고 소원이 많은 사람은 씨를 뿌리는 비유에서 세 번째 밭인 가시밭입니다. 세상 염려, 재리 욕심, 세상에 대한 관심, 뭔가 큰일을 해보고자 하는 사람은 예수님의 제자와 상관없게 됩니다. 낙엽처럼 날아가고, 부평초처럼 떠내려갈 존재가 되는 것입니다. 예수님의 제자는 오직 예수님만을 소원해야 됩니다.

"주님만이 나의 비전이 되시옵소서(Be thou my vision, oh! Lord of my heart.)" 이렇게 기도를 하면 하나님이 그 기도를 기쁘게 받으십니다. 그런데 그 기도도 사실대로 해야 합니다. 하나님께는 오직 주님만이 우리의 소원되기를 원하십니다. 그러나 우리에게는 사실 소원이 많고 비전도 많지 않습니까? 우리는 솔직하게 기도해야 합니다. 위선의 가면을 쓰지 말아야 합니다.

'하나님 제게는 소원과 비전이 많습니다. 그거 다 없애주세요. 그게 무너져야 아버지가 내 속에 들어오시는데, 자아가 제거되어야 아버지가 나와 함께 하시는데, 아직도 제가 소원이 몇 개 있거든요. 하나님 아시죠? 그것들 다 무너지게 해 주세요' 이렇게 진실함으로 하나님께 기도해야 합니다. 우리의 진실함은 하나님의 마음을 기쁘게 합니다.

'그래, 내 딸이지, 네가 진실하게 나한테 나왔으니까, 그래 그거 없애야지. 그래 그거 기도해라. 그거 내가 없애 줄게. 없애고 또 없애고 한들 나의 은혜가 아니고는 네가 어떻게 그 욕심을 버리겠니…'

진실하게 기도하십시오. 소원과 비전이 충만히 있으면서 '주님만이 나의 소망되소서!' 하면 하나님이 '야! 꼴 보기 싫다. 잠이나 자라'고 하실 것입니다. 있는 그대로 진실하게 기도해야 합니다. 여호와께서는 진실하게 간구하는 모든 자에게 가까이 하시며, 당신을 경외하는 자의 소원을 이루어주시며 또 진실한 자들의 부르짖음을 듣고 구원하시기 때문입니다.(시145:18, 19)

5장 § 일용할 양식

오늘날 우리에게 일용할 양식을 주옵시고
"Give us this day our daily bread"

"오늘날 우리에게 일용할 양식을 주옵시고(Give us this day our daily bread, (τον αρτον ημων τον επιουσιον δος ημιν σημερον)."

우리 인간을 위한 첫 번째 기도는 '우리에게 일용할 양식을 주시옵소서' 입니다. 헬라어에서 '아르톤(αρτον)'은 '떡' 이라고 번역됩니다. 원래 마태복음은 마태복음에서 풀어야 됩니다. '일용할 양식'에서 이 양식이라는 단어가 이 전에 또 나옵니다.

예수님께서 시험을 받으실 때, 사단이 시험하되, '돌로 떡이 되게 하라' 라고 하자 주님께서 뭐라고 대답하셨습니까? "사람이 떡으로만 살 것이 아니요, 여호와의 입으로 나오는 모든 말씀으로 살 것이라 하였느니라."(마 4:4)

이미 마태복음에서는 우리가 섭취해야 할 양식에 대하여 두 가지의 의미를 계시하고 있습니다. 마태복음에서 말하는 양식은 '육신의 떡'

과 여호와의 입으로 나오는 '여호와의 모든 말씀' 입니다. 그래서 이 '아르톤(대격, 아르토스: 주격)' 은 육의 양식과 영의 양식인데, 영의 양식은 여호와의 입에서 나오는 모든 말씀입니다.

'모든 말씀' 이란 뜻은 선택적으로 말씀을 먹지 말고, 모든 말씀을 달라고 기도하라는 것입니다. 하나님은 사람이 하나님을 믿은 만큼 역사하시고, 사람이 하나님께 맡긴 만큼 책임져 주시고, 순종한 만큼 권세를 나타내시는 분이십니다. 그러니까 하나님의 말씀을 먹되 부분적으로 선택적으로 먹지 말고, 부분적 선택적으로 즐거워하지 말고 모든 말씀을 즐거워해야 할 것입니다.

먹고 마시고

여호와의 입이 무엇일까요? 여호와께서 입을 여시면 말씀하시게 됩니다. 성경 전체가 여호와의 입이고 여호와의 말씀이라서 성경을 펴면 그 입을 펴는 것입니다. 그런데 이 여호와의 입에서 나오는 말씀은 요한복음 6장 63절 말씀처럼 영이요 생명입니다.

이 영은 인격체이며 생명입니다. 그러니까 여호와의 말씀이 여호와의 입에서 나올 때 성령이 흘러 들어온다는 것입니다. 그러므로 성경은 연구하거나 읽는 것이 아니라 먹는 것이고 마시는 것입니다. 우리가 보좌 앞에 엎드려 있을 때, 여호와께서 입을 열면 이 여호와의 입에서 영이 흘러나오는데 하나님의 생명이 마셔지는 것입니다. 그래서 성경은 먹고 마시는 것입니다.

"인자의 살을 먹지 아니하고 인자의 피를 마시지 아니하면 너희 속에 생명이 없느니라 내 살을 먹고 내 피를 마시는 자는 영생을 가졌고 마지막 날에 내가 그를 다시 살리니 내 살은 참된 양식이요 내 피는 참된 음료로다 내 살을 먹고 내 피를 마시는 자는 내 안에 거하고 나도 그 안에 거하나니 살아계신 아버지께서 나를 보내시매 내가 아버지로 인해서 사는 것같이 나를 먹는 그 사람도 나로 인하여 살리라.”(요 6:53~57)

지금도 우리를 위해서 주님께서 흘리시는 생명의 피와 살로 우리가 먹고 사는 것입니다. 성경을 들고 펴서 여호와의 입을 열어보십시오. 성경을 펴서 그 말씀을 이렇게 오른손으로 살점을 뜯어먹듯이 말씀의 살점을 뜯으면 거기서 또 피가 나오는데, 이 피는 바로 예수님께서 흘리신 생명입니다. 우리는 그 살과 피를 먹는 것입니다. 그래서 영이 흘러 들어가고, 생명이 흘러들어가는 것입니다. 어떤 때는 성경을 펴면 피 냄새가 확 나는 듯합니다. 이 생명은 하늘의 생명이요. 예수의 생명입니다.

우리의 핏줄이 온 몸에 퍼져 있기 때문에 발가락을 칼로 베어도 피가 나오고, 목을 베어도 피가 나옵니다. 우리의 몸에 어디를 베어도 피가 나오는 것처럼 성경 말씀은 그 어디를 봐도 예수님에 관한 것입니다. 예수님께서 요한복음 5장 39절에 “너희가 성경에서 영생을 얻는 줄 생각하고 성경을 상고하거니와 이 성경이 곧 내게 대하여 말하는 것”이라고 말씀하셨습니다.

그러므로 성경은 창세기부터 요한계시록까지 예수님을 말하는 것입니다. 그래서 성경의 말씀을 먹으면 예수의 피가 흘러들어오게 되어 있습니다. 신구약 전체에 예수의 피가 관통되어 있습니다. 예수의 피로써 생명과 영이 흘러나오는 것입니다.

성경 말씀은 예수의 피를 먹으로 사용해서 성령이 쓰신 말씀이므로, 이 말씀이 들어가면 나의 자아가 예수님께 제압되는 것입니다. 나를 제거해버리고 나를 내쫓아 버리고, 내 속에 달라붙어 있던 사상들, 헤겔이나 공자나 맹자나 다 제거해 버리고, 예수님이 나를 사로잡게 되는 것입니다. 그런 껍데기 같은 것들을 다 분비물처럼 여기고 예수의 피와 살을 다 찢어서 살점을 뜯어 먹어야 됩니다.

우리는 예수님을 죽이고, 그 예수님 대신에 살았습니다. 그러니까 우리는 바라바가 되는 것입니다. 예수님을 먹어야 살게 되니까 주님을 먹고 마시는 것입니다. 우리는 절대적으로 말씀을 먹고 생명을 얻어야 삽니다.

레위기 17장 말씀에 의하면 피 속에 생명이 있습니다. 예수님도 "내가 너희에게 이른 말이 영이요 생명이라"(요 6:63)고 하셨습니다. 레위기에 의하면 생명은 피로 싸여 있습니다. 우리는 서구의 영향을 받아서 예수님이 하신 말씀들, 특히 성경에 예수님이 직접 하신 말씀들만 진정한 말씀으로 인정하는 경향이 있지만 히브리 개념은 그렇지 않습니다. 말씀과 행위가 다 말씀입니다.

예를 들어 보겠습니다. 홍해를 가른 것은 여호와의 말씀입니다. '내가 너희 앞에 홍해를 갈라 주마' 이것은 하나님의 계시의 말씀 중에 하나입니다. 그러나 하나님이 행동하시는 것 자체도 하나님의 계시의 말씀입니다. 그러니까 하나님의 입의 말만 계시가 아니라 하나님의 행위도 계시인 것입니다. 이것이 헤브라이즘의 특징입니다. 그런데 우리가 서구 선교사들에게 배우다보니 성경말씀만 말씀으로 인정하고 강조하는 경향성이 있지만, 하나님의 행위 이를테면 여호와가 직접 나타나서 역사하시는 것도 마찬가지입니다. 하나님의 말씀

(dabar, רבד)은 곧 사건입니다. 하나님께서 말씀하시면 반드시 이루시기 때문입니다.

하나님의 말씀 하나, 하나가 피로 싸여 있기 때문에 이것을 연구하고 가르치면서 지나치게 분석하고 그러면 안 됩니다. 이것은 연구대상이 아니고 다 먹는 것입니다. 그래서 우리가 성경말씀을 제대로 먹고 나면 얼마나 영이 배부르고 영이 기쁘고 그 말씀이 살았고 운동력이 있어서 몸을 도는지 모릅니다. 몸을 돌면서 모든 잘못된 것들을 제거하고 치료하고 깨끗하게 하고 용기를 주고 나를 변화시키는 것입니다.

또 '여호와의 입'(마 4:4)은 선지자를 말합니다. 하나님께서 구약과 신약시대에 선지자를 보내주셨습니다. 특별히 신약시대에는 말씀의 사역자가 여호와의 입이었습니다. 그래서 하나님께서 우리를 하나님의 말씀의 사역자로 부르시고, 여호와의 입으로 사용하셔서 우리가 입을 열면 여호와가 흘러나오시게 됩니다. 하늘의 생수가 흘러나오게 되는 것입니다. 그 생수에 접한 사람마다 죽은 사람들이 살아나는 이것은 너무나도 분명한 것입니다. 이것은 물질을 만지는 것만큼, 오히려 그것보다 더 분명한 것입니다.

20세기에, 독일의 '하이젠 베르그(Werner Heisenberg)라는 유명한 물리학자에 의해서 '물질은 불확정적이다(불확정성원리, Uncertainty principle, 1927)'고 판명되었습니다. 그러니까 물질보다도 더 확실한 것이 여호와의 말씀입니다. 그러므로 정통으로 예수님을 만나면 존재가 변하는 것입니다.

제가 그런 체험을 할 때가 있었습니다. 한 번은 비행기로 여행을 하고 있었습니다. 어떤 분이 '양과 목자'라는 책을 보려고 하는데 하나님께서 감동하시길 '필립 켈러가 지었죠?' 그렇게 얘기하라는 것입니다. 그래서 제가 '아이고 하나님, 제가 미국 가서 쉬지도 못하고 애들 섬기고 피곤한 육체를 가지고, 그것도 오늘 제가 설교하러 가야하는데요' '얘야! 지금 이 자매는 내가 특별히 택한 자매다. 그래서 이 자매를 내가 쓸 것이니까, 네가 그 말씀으로 여호와의 입을 열어라' 그래서 내가 그냥 살짝 물었습니다.

"그 책, 필립 켈러가 지었죠?"

"어! 어떻게 아세요?" 하며 그 자매가 웃으면서 대답하는 것이었습니다. 나중에 알고 보니 그 자매는 말씀을 매우 사모하는 분이었습니다. 저는 그 자매와 같이 하나님의 은혜에 대해서 교제를 나누기 시작했습니다. 그 자매는 모태신앙으로 살았지만 마음에 염려가 가득차 있었습니다. 그래서 우리는 한동안 쭉 얘기를 나누었는데 자매가 눈물을 흘리며 계속 우는 것이었습니다. 하나님의 성령이 그 속에 역사하시는 것을 느낄 수가 있었습니다.

'염려하지 마라.' 하나님이 내 안에서 염려하지 말 것에 대해서 말하도록 감동하셨습니다. 자매는 계속해서 울었습니다.

'너는 왜 이렇게 염려를 많이 하느냐! 염려하지 마라' 하나님께서는 계속해서 '너의 미래는 나다(I am your future)'라는 감동을 강력하게 주셨습니다. 그 자매는 모 대기업에서 일하다 오신 분으로 컴퓨터가 전공인데 과학원을 나오신 분이었습니다.

"자매님, 예수님이 자매님의 미래입니다. 미래를 염려하지 마세요. 자매님이 염려하는 것은 아직도 자매님의 인생이 자매님 것으로 생각

되어서 염려하는 것입니다."

그 말을 하니까 또 막 우는 것이었습니다. 그 다음에 두 시간 반 동안 대화를 나눴습니다. 시간이 흐를수록 그 자매는 여호와의 신에 완전히 사로 잡혀서 하나님의 역사를 믿음으로 받아들였습니다. 그리고 여호와의 말씀을 생명으로 계속 받아들였습니다.

우리가 여호와의 신에 충만해 질 때 우리는 여호와의 입이 될 수 있습니다. 여호와의 입에서 여호와의 말씀이 나오는 것입니다. 지금도 여호와의 입인 말씀의 사역자와 선지자를 통해서 하나님은 계속 말씀하시고 있습니다.

또 여호와의 입은 내 심장입니다. 이것은 기록된(written) 문서입니다. 이스라엘 사람들은 기록된 말씀을 믿지도 않았지만 이루어졌습니다. 예레미야는 모세의 율법을 뛰어넘는 새로운 계시를 받고 예언을 했습니다. 그것은 당시에는 상상을 초월하는 충격적인 예언이었습니다. 예레미야의 예언은 이것이었습니다.

"나 여호와가 말하노라 보라 날이 이르리니 내가 이스라엘 집과 유다 집에 새 언약을 세우리라."(렘 31:31) 너희들과 시내산에서 세운 것과는 본질상 차원이 다른 언약을 새로 세워서 이로 인하여 이전 것을 폐하리라는 뜻입니다.

"나 여호와가 말하노라 이 언약은 내가 그들의 열조의 손을 잡고 애굽 땅에서 인도하여 내던 날에 세운 것과 같지 아니할 것은 내가 그들의 남편이 되었어도 그들이 내 언약을 파하였음이니라."(렘 31:32) 그래서 언약을 인간 측에서 먼저 파하였으므로 언약 당사자의 다른 분이셨던 하나님께서도 파하신 것입니다.

"나 여호와가 말하노라 그러나 그 날 후에 내가 이스라엘 집에 세울 언약은 이러하니 곧 내가 나의 법을 그들의 속에 두며 그 마음에 기록하여 나는 그들의 하나님이 되고 그들은 내 백성이 될 것이라."(렘 31:33)

우리의 심장, 우리의 마음 판에 하나님께서 당신의 말씀을 새기십니다. 이제, 시내산에서 주어진 하나님의 말씀을 읽어야 하나님의 음성을 듣는 천오백년 동안의 옛 언약을 넘어, 마가의 다락방에서 어린양의 피를 흘려 자기 피를 주고 살을 주심으로 그 피가 내 영혼 속에 들어오고 그 살이 내 속에 들어와, 내 심장과 내 마음 판에 예수가 새겨지게 되었습니다. 예수님을 통하여 하나님은 우리의 하나님이 되셨고 우리는 하나님의 백성이 되었습니다.

"그들이 다시는 각기 이웃과 형제를 가리켜 이르기를 너는 여호와를 알라 하지 아니하리니 이는 작은 자로부터 큰 자까지 다 나를 앎이니라 내가 그들의 죄악을 사하고 다시는 그 죄를 기억지 아니하리라 여호와의 말이니라."(렘 31:34)

신약에서도 같은 맥락으로 말씀하십니다. "내가 다시는 너희의 죄를 기억하지 않으리라."(히 8:12) "이것은 의문에 쓰인 언약이 아니요 너희 심장에 내가 쓸 것이라. 너희 마음 판에 내가 새길 것이라. 육의 심비(心碑)에 내가 쓸 것이라."(고후 3:3) 성경을 통해서 말씀을 먹는 단계에서 그 말씀이 나에게 들어와서 완전히 나를 사로잡아 내 심장에서 여호와가 말씀하기 시작하는 것입니다. 의문은 죽이는 것이요 영은 살리는 것이니, 내 영에 하나님 말씀을 새겨 주시게 되는 것입니다(고후 3:6). 하나님이 계속 말씀을 하시는 것입니다.

하나님의 말씀 한 마디에는 개인뿐만 아니라 민족의 운명과 미래가 달려 있습니다. 구약에서 선지자들은 이스라엘만 예언한 것이 아닙니다. 그 주변 국가들을 대상으로 다 예언을 했습니다. 주변 국가까지 포함한 역사가 돌아가는 것을 다 예언하게 되는 것입니다. 주지할 만한 사실은 선지자들이 행한 그 예언들이 다 맞았다는 것입니다. 그래서 이 여호와의 입을 통해서 우리에게 항상 들려오는 하나님의 말씀을 먹고 마셔야 합니다.

우리가 여호와의 입이 되기 위해서는 무엇보다도 우리의 입을 정결히 해야 합니다. 계속 나를 몰아내고 여호와가 나를 사로잡을 때, 그래서 주기도문의 아버지의 명예, 아버지의 왕국, 아버지의 뜻을 구함으로 자꾸만 자기를 비우면 자연스럽게 일용할 양식을 먹음으로 우리가 여호와의 입이 됩니다.

우리가 여호와의 입이 되면 허무한 인생의 쾌락을 추구하던 사람들도 말씀의 사역자가 되고, 매일 부인을 향해 완악한 마음으로 폭력을 일삼던 사람들도 전도자가 되고, 마약 팔러 다니던 사람들도 이제는 성경을 팔러 다니고, 돈 밖에는 모르던 사람들도 이제는 하나님 말씀의 생명수를 값없이 나누어주러 다니는 그런 사람들이 되는 것입니다. 자기 이름 제거, 자기 왕국 제거, 자기의 뜻을 제거하는 것이 성숙해지면 그 다음은 자연스럽게 되는 것입니다. 그래서 저는 기도하는 순서도 주기도문의 순서 그대로 기도했습니다. 왜냐하면 우리 왕께서 그렇게 기도하라고 명령하였기 때문입니다.

진정, 누구를 위해서 기도하는 것입니까? 여호와의 명예와 이름을 위해서 기도하는 것입니다. 하나님만이 완전히 거룩하고 완전히 선하시고 홀로 의로우신 하나님의 명예에 목숨을 걸고 사는 것입니다. 총알이 날아오는 현장에 가라 하셔도 하나님의 영광을 위해서라면 기꺼

이 순종하여 가는 것입니다. 그래서 저는 제 이름은 아무 것도 아닌 것으로 치부하며 살았습니다. 오직 여호와의 이름, 예수의 이름, 예수의 피를 주고 산 교회의 이름, 거룩한 성도, 여기에 고귀한 가치를 두고 목숨을 걸고 살기를 소망했고 지금도 최선을 다하기 위해 노력하고 있습니다.

양식의 분량

그렇다면 우리의 일용할 양식의 분량은 어느 정도일까요? 우리가 그 날 일용할 하나님의 말씀을 먹는 양에 따라서 우리 속에 여호와께서 역사하는 능력의 분량이 천차만별로 어떤 사람은 수십 배, 수천 배까지 나올 수가 있습니다. 어떤 사람은 겨우 자기만 먹고 겨우 그 날 생존하는 사람이 있습니다. 지금 제가 말씀드리지만 큐티하면 겨우 생존은 합니다. 그러나 엎드려서 두 시간, 세 시간 말씀을 먹고, 말씀 먹는 양이 충만하게 되면 머리끝에서 발끝까지 완전히 전능한 하나님의 능력으로 가득차게 됩니다. 하나님의 능력이 혼과 영과 마음과 정성과 힘과 육체까지 다 사로잡게 되는 것입니다.

그러므로 우리는 자꾸만 많이 먹어야 됩니다. 먹고 또 먹고 그러면 이 말씀이 내 속에서 살아 역사하십니다. 뿐만 아니라 무시로 성령 안에서 여호와가 말씀을 하시게 됩니다. 성령이 말씀으로 우리들을 인도하시는 것입니다. "이를 위하여 나도 내 속에서 능력으로 역사하시는 이의 역사를 따라 힘을 다하여 수고하노라."(골 1:29) 내 속에서 강력하게 역사하는 능력을 따라서 힘을 다해서 수고하게 되기를 주님의 이름으로 축원합니다.

우리 속의 영이 많이 먹어야 강건해 지는 것입니다. 계속 주전부리 하듯 편식 하는 사람은 힘이 없습니다. 우리가 계속해서 영적으로 깊어지고 영적으로 성장하게 되면, 히브리서가 좀 어렵고 에스겔서가 어렵다고 하지만 어느 순간부터 이해가 되고 안 어려워집니다. 우리가 성장하고 나면 '아! 에스겔도 나처럼 살았구나.' '아휴! 바울도 나처럼 살았구나.' 하면서 에스겔도 쉬워지는 것입니다. 여호와의 입에서 나온 계시가 내 안에서 직접 말씀하시니까 가능하게 되는 것입니다.

따라서 해석이 안 되는 것은 성경 속 주인공들의 영적인 수준에 내가 못 미친다는 얘기입니다. 그래서 학적으로 연구하는 것도 중요하지만 진짜 그 분들을 이해하려면 그 분들이 어떻게 살았는지 깨달아 우리도 그 삶을 살아야 된다는 말입니다. 성결한 삶을 살아야 성경에 있는 저자들의 영속으로 들어가게 되어 있는 것입니다.

그래서 영이 일치가 되어서 '아~ 그래서 이사야가 벌거벗고 3년을 그렇게 미친 사람처럼 돌아다녔구나.' 그제야 이해가 되는 것입니다. 예수님이 영 속까지 들어가는 것입니다. 그래서 본질상 예수님과 똑같아 지는 것입니다. 히브리서 2장 11절에 "거룩하게 하시는 자와 거룩하게 함을 입은 자들이 다 하나에서 난지라 그러므로 형제라 부르시기를 부끄러워 아니하시고…" 이렇게 거룩하게 한 자와 거룩함을 입은 자가 동일하게 되는 것입니다.

한 아버지를 모시고 예수님과 내가 본질상 하나가 되는 것입니다. 제가 어릴 때는 몰랐습니다. 예수님과 우리는 본질상 하나입니다. 그 아버지에서 본질상 동일하게 태어났기 때문에 우리와 예수님이 본질상 같게 되는 것입니다. 내적인 성결, 아홉 가지 성령의 열매가 그대로 나타나고, 외적인 능력, 스물일곱 가지의 성령의 은사가 고스란히 그대로 나타나는 예수님을 온전히 닮은 우리가 되기를 소망합니다.

그래서 예수님이 요한복음 17장에 기도하신 것입니다. "우리를 보존하사 우리로 하나가 되게 하옵소서." 여기에서 '보전하사'가 유감스럽게도 한국말로는 번역이 좀 잘못됐습니다.

이 말은 '테레손($\tau\eta\rho\eta\sigma o\nu$)'인데 이 단어는 '하나님 나의 제자들을 완전하게 하여 주시옵소서. 나(예수님)처럼 완전하게 아무 것도 어떤 것이라도 결핍되지 않고 모든 걸 다 구비하게 하여 주시옵소서. 삶에 있어서나 성격에 있어서나, 마음이나 행동이나 모든 것이 완전하게 본질상 나를 완전히 빼닮게 만들어 주셔서 아버지와 내가 하나인 것처럼 저들도 나와 하나가 되게 하옵소서.'라는 뜻입니다. 또한 '엔($\epsilon\nu$)'이라는 헬라어 수사는 '본질상 똑같게 하여 주소서'라는 뜻을 가지고 있습니다.

예수님께서 기도하신 본질상 '제자들이 나와 똑같이 되게 하여 주시옵소서'라는 이 기도는 부활한 다음에 그 기도가 응답되게 하시려는 것입니다. 예수님은 부활하신 다음에 마리아에게 '마리아야, 내 형제들에게 가서 전하라'(요 20:16~17, 마 28:10)고 말씀하셨습니다. 과거에는 제자들에게 '형제'라는 말을 하지 않으셨습니다.

'이제 마가의 다락방에서 그들이 성령으로 완전히 세례를 받으면 그들도 본질상 나와 똑같은 자들이 될 것이라. 그래서 내가 말한 것처럼 그들도 말할 것이라. 고백하게 될 것이라. 시인하게 될 것이라. 내가 행동하는 것처럼 행동하게 될 것이라. 내가 십자가에서 죽은 것처럼 그들도 죽게 될 것이라. 나와 함께 그 십자가의 영광을, 그 슬픈 영광을 얻게 될 것이라' 우리 예수님이 하신 기도의 본 뜻은 이러한 것입니다. 그래서 우리가 자꾸만 예수님과 동일하게 되는 것입니다. 그래서 먹는 분량이 굉장히 중요합니다.

그렇다면 우리가 먹는 분량은 무엇과 관계가 있을까요? 요한복음 6장에 제자들이 "우리가 어찌하여야 하나님의 일을 하오리까?"(28절)라고 예수님께 물어 보는 장면이 나옵니다. 제자들의 질문에 예수님이 무엇이라고 대답하십니까?

"하나님의 보내신 자를 믿는 것이 하나님의 일이니라"(요 6:29)

그러니 하나님의 일은 진짜 누가 한다는 것입니까? 하나님의 일은 예수님이 한다는 것입니다. 우리가 예수님을 믿으면 예수님이 하나님의 일을 하십니다. 예수님이 나타나는 것이 하나님의 일이라는 뜻입니다.

그렇다면 예수님이 언제 나타나십니까?

"나는 하늘로부터 내려오는 산 떡이니 사람이 이 떡을 먹으면 영생하리라"

"ἐγὼ εἰμι ὁ ἄρτος ὁ ζῶν ὁ ἐκ τοῦ οὐρανοῦ καταβάς· ἐάν τις φάγη ἐκ τούτου τοῦ ἄρτου ζήσει εἰς τὸν αἰῶνα, καὶ ὁ ἄρτος δὲ ὃν ἐγὼ δώσω ἡ σάρξ μού ἐστιν ὑπὲρ τῆς τοῦ κόσμου ζωῆς." (요 6:51)

헬라어 본문대로 예수님은 오늘도 날마다 우리에게 내려오시고 계시는 산 떡이십니다. 'καταβ' 라는 현재 분사형은 '과거의 어느 시점부터 지금까지 내려오고 있는' 이란 진행형의 의미를 지닙니다.

그러면 예수님이 어떻게 나타납니까? 우리가 예수님의 살과 피를 먹고 또 먹고, 먹고 또 먹으면 우리는 예수님 안에 거하게 됩니다. "내 살을 먹고 내 피를 마시는 자는 내 안에 거하고 나도 그 안에 거하나니"(요 6:56)

위의 말씀은 궁극적으로 그리스도와 우리와의 연합을 의미합니다. 예수의 생명과 말씀이 내 속에 들어와서 내 속의 존재론적인 혁명이 일어남으로 겉으로 보기에는 과거와 똑같은 밀가루에 불과하지만 물을 넣고 누룩을 넣어서 반죽을 했더니 그 전과는 완전히 존재가 달라졌습니다. 존재가 하나님의 말씀화 되었습니다. 우리가 예수화가 된 것입니다. 예수님의 말씀이 어느 정도의 분량만 들어가면 우리의 존재가 예수화 되는 것입니다.

술도 어느 정도 분량이 들어가면 술에 취하는 것과 같이, 성령도 어느 정도 분량이 들어가면 성령에 취하게 되는 것입니다. 우리의 존재가 성령에 취하게 되면 우리는 성령에 의해서 움직이게 됩니다. 성령으로 말미암아 담대해집니다. 성령으로 말미암아 우리는 진실해집니다. 미운 사람이 없어지고 원수까지도 사랑하게 됩니다. 심지어는 원수를 긍휼히 여길 수 있게 됩니다. 이렇게 주 예수 그리스도와 똑같은, 본질상 똑같은 예수의 삶이 나오게 되는 것입니다.

우리의 존재가 본질적으로 바뀌게 되는 것은 예수님의 피와 살을 먹음으로 말미암습니다. 우리가 예수님의 피와 살을 계속적으로 먹음으로 우리로부터 하나님의 일이 나오게 됩니다. 요한복음 4장 34절의 말씀은 우리에게 이 사실을 시사해 주고 있습니다. "예수께서 이르시되 나의 양식은 나를 보내신 이의 뜻을 행하며 그 일을 온전히 이루는 이것이니라." 말씀대로라면 예수님의 양식은 하나님이 시키신 일에 순종하고 그 뜻을 행하는 것입니다. 이것이 무슨 뜻입니까? 우리가 하나님의 뜻을 행하면 힘이 생긴다는 것입니다. 왜 그렇습니까? 우리가 예수님의 살과 피를 먹었기 때문입니다.

그러니까 하나님 일을 하는 것은 안식 속에서 우리가 하나님의 말씀을 먹어서 예수께서 당신 자신을 나타내시면서 일하시는 것입니다. 예수님께서 하시는 일은 우리가 양식을 먹는 것과 같습니다. 예수님의 양식이 우리의 양식이 될 때 우리는 더욱 능력 있게 됩니다. 그래서 '하나님 오늘 우리에게 일용할 양식을 주시옵소서' 하고 기도하면 예수를 먹고 마셔서 예수가 나를 통해서 나오고, 예수가 나를 통해서 일을 하므로, 오늘 또 하나님의 일을 하는 양식도 먹는 것입니다. 그래서 그 양식되는 일을 하고 나면 건강해집니다. 하나님의 일을 하면 할수록 생명수의 깊이가 더욱 깊어지고 폭이 더 넓어지는 것입니다.

그런데 예수를 통해서 예수가 나타나는 것이 아니라, 예수는 없는데 내가 열심히 노력해서 하는 사람은 하나님의 일을 하기는 하는데, 열매를 맺지 못하는 것입니다. 설교도 하고 목회를 열심히 감당해도 성도들이 본연의 자리로 간 다음에는 마음이 텅 비는 것입니다. 실제적으로 저는 목사님들을 만날 기회가 많은데 생각보다 많은 목사님들로부터 그런 얘기를 많이 들었습니다. 주일날 저녁에 교인들 다 나간 다음에 굉장히 고독하고 쓸쓸하고, 마음이 외롭고 지친다는 것입니다.

예수님께서 제자들에게 설교하고 난 다음에 '내가 마음이 심히 외롭도다' 그러셨을까요? 아닙니다. 아버지의 보내신 뜻을 행하면 내가 밥을 먹은 것이니, '내가 더 강해지노라. 더 마음에 만복감이 있노라'고 말하셨을 것입니다. 예수님은 하나님의 일을 하시고 난 다음에 행복하셨을 것입니다. 왜냐하면 자기가 한 것이 아니라 그 속의 아버지가 하셨기 때문입니다.

우리도 예수님의 원리 그대로 우리가 하는 것이 아니라 내 속에서 예수가 하시게 하기 위해서 예수님의 살과 피를 계속해서 엄청난 분량을 먹음으로 말미암아, 이제는 예수님이 내 안에 거하고 내가 예수님 안에 거해서 내가 하는 것이 아니라 예수님이 나를 통해서 하게 해 드려야 합니다. 그것이 하나님의 일입니다.

"나를 믿는 것이 하나님의 일이라."(요 6:29) 예수님을 믿는 것이 하나님의 일입니다. 결코 내가 나타나는 것이 아닙니다. 이런 진리를 알고 나면 하나님의 일이 얼마나 쉬운지 모릅니다. 하나님의 일은 하나님이 하시는 일이기 때문입니다. 우리는 단지 그 분의 능력의 통로가 되는 것입니다.

"내가 땅에서 들리면 모든 사람을 내게로 이끌겠노라"(요 12:32)는 예수님의 이 말씀은 내가 십자가에 올라가면 거룩한 자석이 되어 하나님이 참으로 구원한 백성들을 다 이끌겠다는 말씀입니다. 우리도 죽음이 충만하고 날마다 십자가에 못 박고 자기를 비움으로 우리 속에 예수의 부활한 영이 자꾸만 흘러나오도록 해야 할 것입니다. 만일 우리 자신이 십자가에 들려지면 우리도 세상 사람들을 구원으로 이끄는 예수라는 거룩한 자석 같은 존재가 될 것입니다. 하나님의 일이 이렇게 쉬워지는 것입니다.

하나님의 일을 하는 것도 양식입니다. 이것을 우리가 착각해서는 안됩니다. 그래서 하나님의 일을 한 다음 '아! 일해서 피곤하고 힘드니까 쉬어야지' 하는 것이 아니라 하나님의 일을 하면 할수록 그만큼의 양식을 먹어서 더욱 능력이 충만해지는 것입니다. 그래서 성령의 강물줄기가 갈수록 깊어지고 갈수록 넓어지게 되는 것입니다.

눈물의 양식

시편 42편 3절에 보면, "사람들이 종일 나더러 하는 말이 네 하나님이 어디 있느뇨 하니 내 눈물이 주야로 내 음식이 되었나이다"라는 말씀이 있습니다. 그래서 '일용할 양식을 주시옵소서' 기도하는 것은 '하나님, 오늘 하나님께서 흘릴 눈물을 나에게 허락하여 주시옵소서'라는 기도와 같습니다.

저는 이렇게 많이 기도 했습니다. '오늘 하나님께서 내 죄를 바라보면서 흘릴 눈물을 주세요.'라고 기도하는 것입니다. 눈물로 양식을 삼는 것입니다. 그리고 내 아내, 내 자녀, 내 남편, 우리 부모나 또 우리 교회 등 하나님이 나에게 붙여준 분들, 연결시켜 주신 분들 중에 그 사람의 죄를 생각하면서 눈물 양식을 먹는 것입니다. 눈물샘에서 보석 같은 눈물이 두 줄기로 흘러 나와서 우리의 입술로 들어갈 때 우리는 그 양식을 먹습니다.

'카볼라'라는 유대의 경전에 '하나님은 여인들의 눈물방울의 수를 센다'라는 구절이 있습니다. 그런데 하나님이 하루는 저에게 카볼라보다 더 높은 감동의 말씀을 주셨습니다. '그 눈물방울 하나하나를 다 내가 진주방울로 만들어 주리라.'

우리가 우리의 죄를 통회하는 눈물, 다른 사람의 죄를 중보회개 기도하다가 그 사람 살려달라고, 용서해 달라고 흘리는 눈물들을 천국의 진주로 다 올리시고 주께서 그 사람들의 죄를 피로 사하시는 것입니다. 우리 눈물은 하나님으로부터 긍휼히 여김을 받는 비결입니다.

우리의 눈물을 하나님은 당신의 마음을 움직이는 열쇠로 보시는 것입니다.

그리스도의 남은 고난을 눈물로 채우는 사람이 복된 사람입니다. 민족을 위해서 우리나라만 생각하면 펑펑 우는 사람이 하늘나라의 참 일꾼입니다. 북한의 동포만 생각하면 펑펑 우는 사람이 하나님이 기뻐하는 사람입니다.

오늘, 우리 가정과 자기 자신의 죄와 교회의 죄와 이 타락한 민족의 죄를 위해 눈물로 기도해야 합니다. 눈물의 예레미야와 같은 선지자가 되어서 그 눈물이 우리의 입술에 들어가 그것을 먹고 날마다 하나님의 마음으로 우리의 영혼을 채워야 할 것입니다.

마음의 양식(기쁨)

오늘의 양식으로 우리에게 주어져야 할 것은 기쁨입니다. 우리는 하나님께 오늘을 살 수 있는 기쁨을 달라고 기도해야 합니다. "여호와를 기뻐하는 것이 너희의 힘이니라"(느 8:10)

사람이 기쁨이 없으면 힘을 잃어버립니다. 의미체계가 무너지고 가치가 무너집니다. 우리는 이렇게 생각할 때가 있지 않습니까? '내가 지금 왜 이걸 하고 있지? 내가 이 교회에서 대체 무엇을 하나? 양들은 얼마 없고 염소들만 수십 명 수백 명 있어서 왜 이렇게 힘들게 할까? 왜 원수처럼 나를 대할까?' 우리가 이런 생각을 하게 된다면 우리의 가치가 무너진 것입니다. 우리의 삶과 헌신의 의미가 무너진 것입니다. 기쁨을 잃어버린 것입니다.

기쁨은 우리에게 굉장히 중요한 것입니다. 성령이 나를 사로잡으면 첫 번째 나타나는 것이 사랑입니다. 사랑 다음은 두 번째로 희락입니다. 희락! 성령이 충만하면 하늘의 기쁨이 충만한 것입니다. 하늘의 기쁨이 우리에게서 흘러넘칩니다. 여호와의 보좌로부터 어린양의 옆구리에서 흘러나오는 피와 물이 나를 마구 적심으로, 그렇게 기쁠 수가 없는 것입니다.

'나 같은 것 버려도 되는데, 왜 또 택하셔서 이렇게 쓰시나! 나 같은 것, 내가 하나님이면 골백번 버렸고 죽였겠다. 하나님은 자비가 많으셔서 나 같은 것 왜 이렇게 용납하시고 끝까지 참으시는지…' 하나님이 나를 용납하시고 받아 주심으로 하나님으로부터 오는 기쁨이 우리의 영혼을 가득 채웁니다.

여호와로부터 오는 은사나 선물을 기뻐하면 안 됩니다. 그것도 소원 성취 기도입니다. 그렇게 은사 받은 것을 기뻐하고, 능력 받은 것을 기뻐하고, 설교 잘 하고 교회 번성되는 것을 기뻐하면서, 여호와 외에 다른 것을 자꾸 기뻐하면 벌써 여호와로부터 틈이 생기는 것입니다. 마귀라는 것은 디아볼로스($\delta\iota\alpha\beta\circ\lambda\circ\varsigma$)로 '틈'이라는 뜻도 있습니다. 하나님과 나 사이에 틈이 생기면 호시탐탐 기회를 노리고 있던 마귀가 어느새 와서 나를 끌고 갑니다. 한 동안은 하나님이 나에게 힘을 공급해 주는 것같이 착각하는데, 언젠가는 성령으로 시작해서 육체로 망하게 되어 있습니다.

그러니까 틈이 안 나야 되는 것입니다. 이 틈이 나도록 마귀가 항상 기회를 엿보고 있는 것을 우리는 명심해야 합니다. 마귀는 우리가 여호와로 인한 이 선물들이나 부수적인 것으로 자꾸만 기뻐하도록 유도

합니다. 오늘을 사는 우리는 여호와만을 기뻐해야 합니다. 하나님과의 기쁜 교제 속에서 나오는 기쁨은 세상의 그 무엇과도 바꿀 수 없이, 나의 영혼을 충만하게 합니다. 하나님이 우리의 모든 것의 모든 것이기 때문입니다.

제가 초등학교 2~3학년 때였습니다. 저의 아버지는 심장병을 앓았던 분인데 심장판막증으로 병약하신 몸으로 일을 하러 나가시곤 했습니다. 아버지가 그 병약한 육체로 외출하시며 "방석아! 오늘 저녁에 호빵 사올게"하고 약속을 하셨습니다. 그리고 늦은 저녁 10시에 벨을 누르는 소리가 들렸습니다.

"아빠!"

나는 하루 종일 기다렸기에 솔개처럼 막 날아가서는 아빠 얼굴은 쳐다보지도 않고 호빵을 채가고, 아빠는 지쳐 쓰러지거나 말거나 맛있게 먹었던 기억이 있습니다. 그러다가 아버지가 돌아가셨는데 그런 것이 요새 그렇게 눈물이 납니다. 저는 우리 아버지 심정을 알지 못하고 아버지로부터 오는 선물, 호빵 그것만 기뻐했던 불효막심한 자식이었습니다.

아버지께서 돌아가시고 나니까 잠자리채 사달라고 생떼 쓴 것이 가슴에 사무쳤습니다. 저에게 준 그 십원은 주머니에 달랑 하나밖에 없는 아버지 차비였습니다. 아버지는 저에게 그 십원을 주고서 피곤한 몸을 이끌고 몇 정거장을 걸어가신 것입니다. 잠자리채에 정신이 팔려 아들인 제가 아버지가 쩔뚝거리시는 줄도 모르고 길가에 쓰러지는 줄도 몰랐습니다. 아버지가 몸이 불편하셔서 제가 항상 부축하곤 했는데 그날따라 잠자리채에 홀려서 아버지의 고통과는 상관없이 내 욕심만 채웠습니다. 우리 모두 하나님께 그렇습니다.

지금, 피 흘리는 아버지의 심정은 아랑곳없이, 하나님이 우리 민족을 향한 아버지의 눈물을 도외시하고, '하나님, 백 만원 주세요! 안 주시면 나 밥 안 먹습니다. 잠 안잡니다!' 하나님은 쓰러지건 말건 협박하듯 떼쓰고 고집피우는 기도로 받은 소원성취에 기뻐하는 것입니다. 우리의 신앙과 어린 시절의 모습은 비슷합니다.

우리는 성숙할수록 여호와로 즐거워하여야 합니다. 여호와를 기뻐하는 것이 우리의 힘입니다. 우리도 한때는 그랬습니다. 그러나 이제는 안 그렇습니다. 새벽에 엎드릴 때마다 하나님이 '너 왜 왔니?' 하고 물어보시면, "아버지가 좋아서요!"라고 말하는 겁니다. 그러면 하나님 아버지가 이렇게 생각하실 겁니다. "저놈이 어느새 효자가 되었구나!"

아버지께서 또 물어보십니다. '뭘 줄까?' '예? 주긴 뭘 줘요. 아버지가 내 선물인데요. 아버지가 내 상급인데요. 아버지는 내꺼고 나는 아버지껀데요.' 이와 같이 아버지가 내 안에 계신 것만이 소원이 되기 바랍니다. 하나님이 우리 심장에 계시면 여호와로부터 우리 안에서 전능이 나오게 됩니다.

우리는 아무 것도 없는 자 같으나 모든 것을 가진 자입니다. 우리는 가난한 자 같으나 많은 사람을 부요케 하는 자입니다(고후 6:10). 왜냐하면 우리 속에 전능하신 하나님이 나타나셨기 때문입니다. 그래서 우리는 어찌하든지 하나님의 말씀을 먹고 또 먹고 그래서 그 하나님께 기쁨을 달라고 기도해야 합니다.

어떤 때는 의미를 잊어버리고 방황할 때가 있습니다. 그러면 하나님께 '오늘 내가 왜 살아야 되는지 의미를 주시옵소서' 라고 기도해야 합니다.

요한복음 1장 1절에, '태초에 말씀이 계시니라' 이 '말씀'이 헬라어로 '로고스' 입니다. 그 로고스가 고대 문서에 의하면 meaning이란 뜻도 있습니다. '태초에 존재의 의미가 있었느니라' 그러니까 예수 그리스도의 말씀과 생명이 내 속에 들어오면 살맛이 나게 되는 것입니다.

'클립포드 기어츠(Clifford Geertz)' 라는 문화인류학자는 세계문화를 연구하면서 '의미'에 대하여 30~40년을 투자한 사람입니다. 그 분은 자신이 펴낸 책 「문화의 해석, The Interpretation of Culture」에서 이렇게 결론을 내리고 있습니다. 자기가 아주 미개한 종족부터 아주 발달한 문명, 탈산업국가(postmodern)까지 연구해서 내린 결론은 '한 개인이나 사회가 의미를 잃어버리면 붕괴된다' 는 것입니다. 'The loss of meaning is like losing everything.' 이런 유명한 말을 했습니다. '빅토르 프랭크' 라는 사람도 비슷한 얘기를 했지만 이 사람은 정신분석학자이고 전체적으로 조명한 사람은 기어츠입니다.

결론적으로, 그렇게 의미체계가 무너지면 다 무너지는 것입니다. 오늘 우리가 주기도문을 통해서 '하나님이여 오늘 내가 살 수 있는 의미를 허락하여 주시옵소서' 라고 기도하여 하늘의 양식을 받아야 될 것입니다.

6장 § 인간관계의 회복

우리가 우리에게 죄지은 자를 사하여 준 것같이 우리의 죄를 사하여 주옵시고
"And forgive us our debts, as we forgive our debtors"

다섯 번째의 청원은 "우리가 우리에게 죄지은 자를 사하여 준 것 같이 우리 죄를 사하여 주옵시고(And forgive us our debts, as we forgive our debtors,(*και αφες ημιν τα οφειληματα ημων, ως και ημεις αφηκαμεν τοις οφειλεταις ημων*)" 이것은 관계회복의 기도입니다.

관계회복은 굉장히 중요합니다. 우리가 하루에 열 시간을 기도하며 삼십 년을 기도한다해도 하나님의 회의에 들어가지 못하는 경우가 있습니다. 왜 하나님의 회의에 못 들어가는지 그 비밀이 주기도문에 있습니다. 마태복음 6장 9~13절에 나오는 주기도문을 예수님께서 하신 다음에 바로 다음 구절에서 이같이 말씀하십니다.

"너희가 사람의 과실을 용서하면 너희 천부께서도 너의 과실을 용서하시려니와 너희가 사람의 과실을 용서하지 아니하면 너희 아버지께서도 너희 과실을 용서치 아니하시리라."(마 6:14-15)

기도가 막히는 이유

어떤 사람하고 막힌 것이 있으면 절대 안 됩니다. 맺힌 사람이 한 명도 없어야 됩니다. 예수님은 당신 자신을 미워한 사람들도, 자신을 십자가에 못 박히게 한 사람들도 저주하지 않고 저들의 죄를 용서해달라고 중보기도하고 돌아가셨습니다. 사도행전 17장에, '많은 제사장들과 바리새인들이 주께 돌아오니라' 라는 말씀이 있습니다. 예수님이 바리새인들을 향해서 '독사의 새끼들아!' 하고 외친 것도 회개시키려 하심이었음을 잊지 말아야 합니다. 절대 미워서 그런 것이 아닙니다. 그들은 철퇴로 맞아야 회개하는 자들이었기 때문에 철퇴법을 쓰셨습니다.

우리에게는 관계가 어긋나거나 미워하는 사람이 한 사람도 없어야 됩니다. 왜냐하면 우리가 다른 사람의 과실을 용서하지 않으면 아버지께서도 용서치 아니 하시기 때문입니다. 그러니까 하나님의 용서를 받지 못한 사람이 기도를 아무리 많이 해도 절대 하나님의 회의에 들어가지 못하는 것입니다. 하나님과 관계가 없게 되는 것입니다.

그래서 성령께서 지적할 때마다 계속 회개하는 것이 중요합니다. 사람 미워한 것, 시기한 것, 남의 말 한 것, 하나님이 시키지 않았는데 함부로 말 한 것, 하나님이 참 듣기 싫어하십니다. 특히 남을 비판하고 비난하는 것은 하나님의 일에 방해가 됩니다. 사람이 실수가 많으나 말에 실수가 없으면 온전한 자입니다(약 3:2). 그러니 어찌 하든지 우리의 입에서 하나님이 슬퍼하는 말이 나오지 않게 해야 합니다.

가슴에 미움으로 인해 한이 맺힌 사람이 있으면 그 사람의 기도는 다 무효입니다. 주기도문에 그것을 말해주고 있습니다. 따라서 사람 사이에 맺힌 것이 있다면 반드시 회개해야 합니다. 내가 말로나 행동 으로나 상처주고 못 박은 것은 결사적으로 회개해야 합니다.

저에게는 이런 경험이 있습니다. 미국 LA에서 목회를 하다가 한동 안 시애틀로 이사를 갔었습니다. 그런데 어느 전도사님이 제가 시애 틀에 사는 동안 저를 이단이라고 정죄했던 것입니다. 시애틀에서 LA 로 돌아오니까 저를 사랑하던 60명의 성도들이 완전히 원수가 되어 있는 것입니다. 그 분들이 저를 쳐다보지도 않습니다. 그래서 가슴이 너무도 아팠습니다.

그런데 하루는 하나님께서 '네가 가서 회개하라'고 하시는 겁니다. 저는 반발했습니다.

'저는 그 전도사님한테 잘못한 것이 없습니다. 하나님!'

'내 아들 예수는 무흠한데 너 같은 죄인을 위해 수치 당하기를 즐겨 했다. 네가 잘못이 없는 것은 분명히 안다. 그러나 그 사람이 죽고 있 다. 너를 미워하기 때문에 죽고 있다. 그 사람 살리는 것이 중요하냐? 누가 옳고 그른 것이 중요하냐? 그리고 그 수하에 60여명의 어린 성도 들이 있지 않느냐?

옳고 그른 것을 따지면 누가 맞습니까? 제가 맞습니다. 그런데 옳 고 그른 차원을 넘어서 죽고 살리는 생명의 문제입니다. 생명단계까 지 올라가는 것입니다. 그때 그 사람의 자식을 하나님께서 죽이시겠 다고 말씀하시는 것을 듣고야 겨우 용기를 내었습니다. '하나님, 내가 잘못했다고 회개할 테니까 회개할 수 있는 힘을 주세요.' 라고 기도하고 그 곳에 가서 문을 딱 열었습니다.

그때 그 분이 성도들하고 한자리에 모여 있었는데 저를 쳐다보지도 않았습니다. 그래서 거기 그렇게 나를 사랑하고 목숨을 바쳤던 성도들이 있는 그 자리에서 무릎을 꿇었습니다. 내가 뭘 잘못했다고 잘못한 내용을 말해야 되는데 잘못한 것이 없어서 어쩔 수 없이 다음과 같이 용서를 빌었습니다.

"내가 전도사님을 괴롭힌 것을 용서해 주십시오. 당신이 나로 인해 이렇게 괴로움을 겪는 것을 용서해 주십시오."

뭐, 그것 밖에는 할 것이 없으니까, 하여간 내가 잘못했다고 용서해 달라고, 전도사님 나를 용서해 달라고 했더니 그 분은 쳐다보지도 않았습니다.

"무엇하러 오셨습니까?' 이 말 한마디만 하고 묵묵부답이었습니다. 사실 그 말이 얼마나 큰 모욕입니까? 차라리 내가 잘못한 것이 있으면 정말 좋겠다고 생각했습니다. 그렇게 삼십 분이 지났습니다. 제가 무릎을 꿇고 제 자존심을 땅바닥에 쳐박고 '내가 정말 잘못했다. 나를 용서해 달라'고 한 지 삼십 분 정도 되니까 여호와께서 움직이기 시작하셨습니다. 우리가 여호와와 화평하면 원수라도 우리에게로 돌이키게 되는 것을 그 때 경험했습니다.

저는 오직 주 예수 그리스도의 십자가만을 생각했습니다. 제가 여호와의 명령을 순종하기 위해 수치와 모욕을 다 당하고 저의 명예를 헌신짝처럼 내팽개치니까 하나님이 사람들의 마음을 움직이기 시작했습니다. 나 역시도 나 같은 죄인을 용서하여 주신 주님을 생각하니 이분들이 나에게 이러는 것이 하나도 섭섭하지 않았습니다. 도리어 점점 제가 정말 이분들의 마음을 힘들게 하여 영적으로 막히도록 하고 잇다는 생각에 미안한 마음이 들기 시작했습니다. 뭔가 뭉클뭉클 하더니 별안간 그 전도사님이 말문을 열었습니다.

"목사님이 잘못한 것이 뭐 있습니까? 목사님이 뭘 그렇게 잘못했다고 그렇게 싹싹 비십니까? 사실 목사님이 시애틀로 떠나고 나서, 성도들이 목사님 영향을 하도 강하게 받아서 제가 후임으로 아무리 말씀을 증거 하려해도 도무지 제 이야기를 안 듣기에, 그래서 목사님을 완전히 제거해야 목회가 되겠다 싶어 그랬습니다. 그래서 목사님을 이단이라고 완전히 몰아낸 후에야 목회할 수 있었습니다. 목사님이 무슨 잘못이 있습니까? 제가 다 잘못했습니다."

그리고 그 전도사님과 제가 껴안고 엉엉 울었습니다. 또 이 전도사님을 따라서 까닭 없이 저를 미워했던 사람들도 껴안고 함께 울고 주님 앞에 돌아왔습니다.

그 분이 지금은 LA에서 목회를 잘 하고 계십니다. 훌륭한 목사가 되었습니다. 사람 하나 살리는데 우리가 뒤집어쓰는 오명 따위는 아무 것도 아닙니다. 우리의 왕이신 예수님이 십자가 위에서 누명을 뒤집어쓰시고 돌아가셨으니 그 분의 백성인 우리도 사람을 살리기 위해서라면 남의 잘못까지 뒤집어쓰는 것이 당연합니다.

우리는 잠시 70년, 80년 이 땅에서는 나쁜 놈이라고 기록될 지 모르지만 영원한 세계에서 하나님이 알아주시니 마땅히 그것을 사모해야 될 것입니다. 찰나를 십자가에 못박고 영원을 사모하는 사람들이 바로 그리스도인들입니다. 이것이 십자가의 도입니다. 십자가가 세워지는 곳에는 영광스런 성령의 불이 나타나게 됩니다.

허공을 치는 기도

　　하나님께서는 우리가 우리에게 잘못한 사람의 과실을 용서하면 우리의 죄를 용서하시고 용서받은 사람의 기도를 들어 주십니다. 그러나 사람의 죄를 용서하지 않으면 하나님께서 용서하지 않습니다. 그렇기 때문에 주기도문 끝에 하나님이 반복하며 강조하신 것입니다.

　　실제적으로, 제가 한국의 영성 있는 분들을 많이 만났고, 또 미국의 캘리포니아의 어떤 기도원에서 수십 년 기도가 몸에 밴 사모님을 만났는데 그 분들의 기도가 허공만 치고 있는 것입니다. 왜 그렇습니까? 그 원인이 굉장히 많을 수 있겠지만, 그 중에서도 가장 큰 원인은 요한일서 2장 11절에 나오는 것이었습니다.

　　"그의 형제를 미워하는 자는 어두운 가운데 있고 또 어두운 가운데 행하며 갈 곳을 알지 못하나니 이는 어두움이 그의 눈을 멀게 하였음이니라."

　　형제를 미워하면 어두움이 임하여 갈 바를 알지 못 하게 됩니다. 완전히 잃어버린 영혼이 되는 것입니다. 그래서 사람하고 맺힌 것이 있을 때 계시 받는 것, 기도 응답 받는 것은 다 가짜입니다. 다 속은 것입니다.

　　이동원 목사님의 지구촌교회에 집회를 갔을 때, 어떤 아주머니인데 몸도 아프고 기도를 할 수가 없다고 합니다. 그래서 제가 기도하는데 성령께서 감동을 주셔서 "당신, 회개하십시오. 미움의 영이 충만한데

누굴 미워하십니까?"라고 그랬더니, 자기 며느리와 아들을 미워한다
고 하는데 갑자기 '악' 하고 꼬꾸라지더니, 기도 중에 더러운 영이 나
가는 것입니다.

다음 날 아침, 그 분이 왔는데 저는 못 알아봤습니다. 눈 앞에 찬란
한 천사가 나타난 것 같았습니다.

"안녕하세요?"

"실례지만 누구세요?"

"어제 기도 받은 사람이지요."

어제는 마귀, 오늘은 천사였습니다. 예수 화장품, 예수 향수가 얼마
나 찬란한 지 정말 천사 같았습니다. 그 사람도 죽다가 살아난 경우입
니다. 그러니까 어찌하든지 미움과 맺힘과 막힌 담을 주 안에서 제거
해야 합니다.

이 구절은 주기도문에 도장을 찍는 구절입니다. 사람하고 관계가 막
히면 주님께서 '너희들은 나랑 상관이 없다' 하십니다. 그런 경우 얼
마나 저주 아래 있는 사람입니까? 일만 달란트를 탕감 받은 내가 100
데나리온을 빚진 자를 용서하지 못한다면, 우리 주님께서 어떻게 생
각하시겠습니까?(마 18:21-35) 주님께서 나에게 베푸시는 은혜는 정말,
분에 넘치도록 놀랍지 않습니까?

자기 자신을 주님 안에서 바라보면 용서하지 못할 사람이 한 사람도
없음을 깨닫습니다. 500 데나리온을 탕감 받은 우리이기 때문에 50
데나리온을 빚진 자에게 적극적으로 용서하기를 주저하지 말아야 합
니다(눅 7:41-43).

남보다 주님을 더욱 가까이 깨닫고, 사랑한 증거는 바로, 자기 자신
을 가리켜, 죄인의 괴수임을 고백했던 바울에게서 찾을 수 있습니다

(딤전 1:15). 사도 바울이 죄인들 중에서 가장 끝(the worst sinner)에 서 있다면 우리가 용서하지 못할 그 어떤 사람도 없습니다.

7장 § 영적 분별

우리를 시험에 들게 하지 마옵시고
"And lead us not into temptation"

여섯 번째 기도 '우리를 시험에 들게 하지 마옵시고(And lead us not into temptation, και μη εισενεγκης ημας εις πει ρασμον)'는 영분별의 기도입니다. 여기서의 '시험'은 '바로 덫'을 말합니다. 덫은 약한 덫도 있어서 조금만 노력해도 쉽게 빠져 나오는 덫이 있지만, 강한 것에 잘못 걸리면 완전히 인생이 망하게 되는 것입니다. 그래서 예수님께서 '시험에 들게 하지 말아 달라'고 기도하라는 것입니다.

이따금씩 상담할 때 어떤 사역자들이나 목회자들이 과감하게 이런 기도를 하는 것을 듣게 됩니다. '하나님 시험을 많이 보내주세요.' 이건 말도 안 되는 것입니다. 이것은 마치 이런 기도와 같습니다.

'하나님 아버지, 나 여기 저기 암에 걸리게 도와주소서! 그리고 암을 이길 힘을 주세요.'

예수님은 이렇게 기도하라고 하지 않으셨습니다. 우리는 시험에 들지 말게 해달라고 기도해야 됩니다. 왜 시험에 들지 않아야 합니까? 시험은 덫이고, 늪이기 때문입니다. 사막에서 발이 빠져 들어가는 모래 덫에 빠지면 결국 죽게 됩니다. 그래서 영적 분별의 기도는 굉장히 중요합니다.

영적 분별기도에는 사람 분별, 장소 분별, 때를 분별하는 기도가 있는데, 이것은 일반적인 계시의 원리입니다.

사람 분별

첫 번째 영적 분별의 기도에서 사람을 분별하게 해달라고 기도해야 합니다. 우리가 제일 훈련을 많이 겪는 것이 사람으로 인한 것입니다. 그것은 사람이 덫이기 때문입니다. 하나님 한 분 외에는 선한 이가 없습니다. 하나님만 홀로 선하시고 하나님 외에는 다 악합니다. 바울도 로마서 7장에서 '내 속에 선한 것이 없다'라고 고백하고 있습니다. 그러니까 사람 속에 무엇이 있는 지를 알지 못하면 덫이라는 것입니다.

칼 막스와 레닌과 포이에르 바하와 엥겔스, 이 네 명이 헤겔의 수제자입니다. 헤겔을 통해서 역사를 해석하는 방법을 배운 이 네 명은 IQ가 170이 넘는 사람들입니다. 하지만 이 사람들은 공통적으로 한 부분에서 아주 큰 구멍이 나있습니다.

제가 헤겔의「정신현상학(Phenomenologie des Geistes)」이라는 책을 읽었는데, 헤겔이 소크라테스를 인용하면서 "철학적으로 자기 삶을 재고하고, 철학적으로 연구하고 통찰하지 않는 인생은 의미가 없다."고 했습니다. 그래서 인생의 질문을 끊임없이 던지며, 이성적으로 해결해보려 했습니다, 철학적이며, 초월적인 명상을 통해서 이러한 문제들을 자기 머리로 해결하려고 노력한 것입니다.

그 책에서 헤겔은 '예수님보다 자신은 소크라테스를 더 좋아한다'고 분명히 밝혔습니다. 왜냐하면 예수님은 '자기를 순종하는 자를 만들고, 자기를 의지하는 자'를 만들었으나, 소크라테스는 '자기 스스로 서도록 했다'는 것입니다. 소크라테스와 불교의 부처하고는 연결되어 있고 일맥상통합니다. 불교는 아주 철학적인 종교입니다. 스스로 자기가 신이 되기 때문에 자존적인 존재가 됩니다. 자기가 신이 되는 것입니다. 이성을 계발하고 합리를 계발하는 것입니다.

그러면 왜 인간을 계발하는 것일까요? 인간을 신뢰하기 때문입니다. 그래서 인간 신뢰라는 깊은 기초에서 인간을 계발하게 되는 것입니다. 이것이 헤겔 사상의 핵심 중에 하나입니다. 이 사람들이 갖고 있는 인간을 향한 낙천주의를 '구제 불능성 인간 신뢰'라고 부릅니다. 역사적으로 볼 때 데카르트부터 350년 동안 인간을 계발했지만 생명 파괴, 도덕파괴, 가정파괴, 지구 환경파괴로 이어졌습니다. 인간은 계발할수록 파괴적이 됩니다.

얼마 전, 작고한 교황 요한 바오로 2세는 「생명의 복음, Evangelium vitae, The Gospel of Life」이라는 회칙 제 1장에서 사망의 문화에 대하여 언급했습니다. '지구촌이 다 살인마이다. 낙태와 안락사등 생명에 대한 위협이 팽배하다. 컴퓨터도 애들이 게임하는 것도 다 폭력과 살인으로 충만해 있다. 살인자를 키우는 사망의 문화권에서 우리가 살고 있다'고 하시면서 인류에게 경종을 울렸습니다. 인간이 인간을 계발해서 과학이 발달하면 할수록 파괴가 늘어나게 됩니다. 앞서 말한 사람들의 허점은 구제 불능성 낙천주의로 불완전한 인간을 신뢰한 것입니다.

하박국서 1장에 자기를 신뢰하면 악인이라는 말씀이 있습니다. 한국말로는 불명확하지만 영어로는 명확하게 나옵니다. 왜 인간을 신뢰하면 악인입니까? 선한 분은 하나님 밖에 없기 때문입니다. 하나님 외에는 다 악한 자인데 악한 것을 자꾸 계발하면 악인이 되는 것은 자명한 일입니다. 그래서 자기를 계발하면 악인이 되는 것입니다. 자기를 신뢰하면 악인입니다.

'자기 신뢰', '신념의 마력', '자아 사랑' 이것을 로버트 슐러 목사가 35년 전에 노만 빈센트 필의 '적극적인 사고방식'을 타고 한국에 들여와서, 우리나라 강대상을 완전히 타락시켰습니다. 영성계발, 자아계발, 목회계발, 계발, 계발… 그래서 인간 만세주의, 인간을 신뢰하는 적극적인 사고방식으로 일관하는 것입니다.

적극적인 사고방식은 마귀로부터 나온 것입니다. 우리는 적극적인 사고방식이 아니라 예수의 사고방식을 가져야 합니다. 예수님께서는 자기를 계발하라고 가르치시지 않았습니다. 오히려 자아를 십자가에 못 박으라고 가르치셨습니다. 자기를 계발하는 것이 아니고 오히려 자기를 비우는 것입니다. 예수님께서는 자기를 못 박고 십자가를 지고 나를 따르라고 했지, 자기를 계발하여 성공하라고 하시지 않으셨습니다.

마귀가 얼마나 한민족의 교회 강대상과 목회자들의 눈을 멀게 했는지, 한국교회의 성도들 중에는 성경을 자기 마음대로 난도질하고 가지고 놀아도 멍하니 따라 가는 것입니다. 소경이 소경을 인도하니까 기도원도 그렇고 나라가 무당 굿판이 된 것입니다. 어찌하든지 본질적인 문제에 대해 깊이 있게 숙고해야 합니다. 사람이 덫입니다.

그렇다면 예수님은 인간을 어떻게 바라보셨을까요? 예수님의 인간론과 칼 막스의 인간론이 대조적입니다. 칼 막스의 이론은 70년 하다가 망했습니다. 하지만 예수님은 2천 년이 지나도 계속 번성하고 있습니다. 이 지구 땅덩어리가 다 예수 것이 될 것입니다. 왜냐하면 예수님의 인간론은 기초가 튼튼하기 때문입니다.

예수님의 인간론은 요한복음 2장 23~25절에 자세히 나와 있습니다. 예수님은 사람을 신뢰하지 않으셨습니다. "유월절에 예수께서 예루살렘에 계시니 많은 사람이 그 행하시는 표적을 보고 그 이름을 믿었으나 예수는 그 몸을 저희에게 의탁치 아니하셨으니 이는 친히 모든 사람을 아심이요 또 친히 사람의 속에 있는 것을 아시므로 사람에 대하여 아무의 증거도 받으실 필요가 없음이니라."(요 2:23~25)

예수님은 '친히 사람의 속에 있는 것을 아시므로' 인간을 분명히 알았습니다. 위 구절을 보면 인간을 향한 절대적인 부정이 예수님 속에 있었음을 알 수가 있습니다. 그러므로 인간이 절대 하나님 앞에 악하다는 것을 알고, 이 악한 것을 십자가에 못 박으면 십자가에 못 박힌 자리에서 예수 그리스도의 영이 흘러나오게 됩니다. 그렇게 될 때 하나님의 역사가 나타납니다. 예수님은 인간론의 기초가 튼튼하기 때문에 가면 갈수록 번성하게 되는 것입니다.

우리가 주기도문을 따라 '시험에 들게 하지 마옵시고' 하고 날마다 기도하면 하나님이 날마다 말씀하십니다. 그러니 사람을 만날 때도 기도해야 합니다.

'하나님 이 사람 어떻습니까?'

'제가 어떻게 해야 합니까?'

그러면 하나님께서 영분별로 덫을 가르쳐 주십니다.

우리는 죄인의 길에 서지도 말고 오만한 자리에 앉지도 말아야 합니다. 교만한 자의 자리에 앉으면 교만의 영이 흘러나오게 됩니다. 그런 사람과 같이 있으면 오염됩니다. 시편 1편, 시편 101편에 사람 분별의 핵이 있습니다. 저는 원래 사람을 좋아하고 신뢰해서 간까지 빼주고 저를 이용하는 사람도 너무 좋아했었습니다. 그래도 밉지가 않았으니 당연했습니다.

그런데 한 번은 하나님이 '그렇게 하지 말라' 고 하시는 겁니다. 하나님께서 '그 사람이 너를 이용하는 죄를 네가 허용하는 것' 이라고 가르쳐주셨습니다. 그래서 여호와와 동행하지 않는 사람과는 사귀지 못하게 하십니다. "너희는 믿지 않는 자와 멍에를 같이 하지 말라 의와 불법이 어찌 함께 하며 빛과 어두움이 어찌 사귀며"(고후 6:14)

악한 사람을 조심하기 바랍니다. 천하보다 귀한 생명이 사람 하나 잘못 만나면 바람에 겨 날리듯 날아가는 것입니다. 그래서 십자가에 처리된 사람과 사귀어야 합니다. 사람 분별의 영을 달라고 기도해야 합니다. '시험에 들게 마옵시고, 덫에 걸리지 말게 하옵시며 사람을 분별해서 하나님이 기뻐하는 사람과 교제하게 해 주옵소서.' 라고 기도해야 합니다.

악인을 회개시키고 십자가에 못 박게 하기 위해서 만나는 것은 혹 모르겠으나, 교제하기 위해서는 만나지 말아야 합니다. 사업을 같이 하는 등의 깊은 관계를 맺게 되면 덫에 걸리는 것입니다. 특히 한국은 인맥 사회이기 때문에 빠져나오기가 극히 어렵습니다.

나를 칭찬하고 나를 띄우는 사람을 조심하십시오. 우리는 분명히 책망 받기보다는 칭찬 받기를 좋아합니다. 그러나 나에게 좋다고 해서 하나님 보시기에 다 좋은 것은 아닙니다. 예수님의 영은 우리의 영혼을 잔잔하게 만드십니다. 흥분하고 설레는 것은 잘못된 경우가 많습니다. 하나님의 역사는 설렘 가운데서 하지 않고 평강 가운데서 이루어집니다. 과시하지 않고 소리치지 않고 하나님은 역사하십니다.

장소 분별

영분별에서 있어서 두 번째로 중요한 것이 장소를 분별하는 것입니다. 죄인의 길에 서거나 오만한 자의 자리에 앉지 않음으로(시 1:1) 우리는 영적으로 청결을 유지할 수 있습니다. 하나님이 가지 말라는 곳을 가면 그 곳에서 묻어오는 것이 있습니다. 우리는 더러운 세상에 살고 있습니다. 더러운 곳에 가면 더러움이 묻습니다. 어떤 장소에 갔다 오고 나서 병이 나는 경우도 있습니다. 이러한 것을 알지 못하면 알지도, 깨닫지도 못하는 사이에 영적 오물로 온몸이 더러워지게 됩니다.

그것은 비단 쉽게 구별이 가는 좋지 않은 장소만을 말하지 않고, 영적인 부흥회나 집회, 성경공부 하는 곳도 잘못 가면 큰일 납니다. 그래서 우리는 '장소를 분별케 해 주시옵소서' 하고 기도해야 합니다. "너는 범사에 여호와를 인정하라 그리하면 네 길을 지도하시리라."(잠 3:6) 범사에 여쭈십시오. 하나님께서 인도하십니다. 여쭙지 않기 때문에, 묻어오고 억압받고 사는 것입니다. 억압의 영이 3일 되면 거기서 벌써 집을 짓고 살고, 뽑아내지 않고 1년이 가면 어느새 고치기가 어려워집니다.

And lead us not into temptation

때 분별

때에 대해서도 '하나님 내가 지금 움직여야 합니까?' 하고 물어보아야 합니다. 하나님의 때가 차야 됩니다. 하나님의 역사는 때가 차야 일어나는 것입니다. 저는 때가 안 되었는데 움직여서 망한 사람을 많이 보았습니다. 7~8년 목회자로 섬겼는데 망한 사람이 있습니다. 전에 장로님으로 교회를 섬길 때는 하나님을 너무 사랑했는데 목회자가 된 지금은 아니라는 것입니다. 가정이 파괴되고 자녀들이 가출을 하고 결국 목회도 그만두게 되었습니다. 그러므로 때를 위해서 하나님 앞에 기도를 많이 드려야 합니다.

'하나님 때를 알게 도와주시옵소서 … 이때 입니까? 언제 입니까?'

예언이나 계시는 미래의 운명에 대해 이렇다 저렇다 말하는 것이 아닙니다. 미래는 하나님이 만들어 가시는 것입니다. 우리의 순종과 불순종에 따라서 하나님의 말씀이 달라집니다. 그러니까 때에 따라 나의 순종이 달라지고 상황이 달라짐에 따라서 하나님의 말하는 것이 달라집니다.

그냥 작년 것, 아니면 이전에 받은 것 가지고 무작정 나아가면 안 됩니다. 다 시들어서 썩은 고기 가지고 먹으면 안 됩니다. 주기도문은 일용할 기도이기 때문에, '오늘 때를 알려 주시옵소서' 라고 이렇게 기도를 해야 합니다.

우리가 하면 백 년 걸릴 것도 하나님께서 하시면 반나절만에 해결됩니다. 하나님이 행하시는 하나님의 그 때까지 기다려야 합니다. 인내하고 기다리고 여호와의 능하신 손을 기다리면, 때가 되면 하나님이 하십니다. 그러므로 기다릴 줄을 알아야 됩니다.

제가 참 미련하고 둔하고 못하는 게 많은 데도, 하나님이 기뻐하시는 것이 하나 있습니다. 그것은 하나님이 가만히 있으라 하시면 가만 있는 것입니다. 전에 제가 1년 동안 가만 있어본 적이 있습니다. 급한 일들이 많이 있었지만 그냥 가만 있으라고 해서 가만 있었습니다. 그때는 아무 것도 하지 않고 가만 있는 것이 하나님의 일이었습니다. 순종이 하나님의 일이기 때문입니다. 가만히 있기를 잘하는 것을 제가 배웠습니다. 하나님이 말씀하시면 열심히 가기도 하고 서기도 해야 합니다.

그렇게 순종하고 있으면 하나님의 때가 차고 여호와가 나타나십니다. 이것이 구름 잡는 얘기 같이 들릴 수도 있지만 하나님과 오래 교제하다보면 형체로 잡는 것처럼 분명하게 깨닫게 됩니다. 때가 차면 순식간에 하나님의 일이 벌어지게 되는 것입니다.

8장 § 영적 싸움

다만 악에서 구하옵소서
"But deliver us from evil"

주기도문의 마지막 부분은 '다만 악에서 구하옵소서(But deliver us from evil)' 입니다. 여기에서 '악' 은 마치 형이상학적이고 개념적으로 들립니다. 하지만 실제 '악에서 구원한다' 는 말은 생각이나 사상에서 구해 달라는 것은 아닙니다. '투 포네루(του πονηρου)' 는 정관사에 형용사가 결합된 형태입니다. 형용사 소유격이 되겠는데, 정관사에 형용사가 결합되면 복수로 '사람들' 을 의미합니다.

본문에 따르면 악에서 구해달라는 것이 아니라, '악한 자들에게서 구하옵소서' 라는 청원입니다. 다시 말하면 이 '포네루(πονηρου)' 는 악한 자, 사단과 사단 밑에서 역사하는 악한 영들과 조직, 또는 그 영들에게 사로잡혀서 움직이는 사람들, 소위 말해서 문화를 형성하고 있는 자들을 가리키는 것입니다. 성경에서는 '문화' 라는 단어를 안 쓰고 '세상' 이라고 말하지만 현대말로 쓰면 그것이 문화입니다.

'교육에 종사하고 계시군요' 이렇게 이야기하면 고상하겠지만 '교육을 통해 마귀랑 접하고 계시군요'라고 하면 얼마나 모욕적입니까? 그런데 교육이라는 미명 아래 사람을 지옥으로 끌고 가니까 교육을 통한 마귀의 종인 것입니다. 예술도 마찬가지입니다. 문화라는 것이 그런 것입니다. 세상이 원래 그런 것입니다.

마귀가 이 세상을 통하여 사람을 낚고, 또 수하에서 움직이는 사람들이 점잖게 넥타이 매고 뭇사람의 영혼을 낚는 것입니다. 저도 학문을 더 많이 알기 위해 철학, 문화인류학, 사회학, 조직행동론 등등 다방면의 책을 많이 보았는데 겉으로는 멀쩡해도 마귀가 다 장악해 있는 것을 느꼈습니다. 그래서 그런 사람들을 접한다는 것은 악한 자들을 접한다는 뜻입니다. 궁극적으로 악한 자들의 뒤에서 조종하는 영, 불순종의 자녀들 사이에서 역사하는 영을 접하는 것입니다.

헬라어로는 '악한 영'을 분명히 '인격'이라고 이야기했습니다. 악은 무슨 개념이나 형이상학적인 관념이 아니고 분명히 살아서 역사하는 인격입니다. 그래서 주기도문의 마지막에 '악에서 구하옵소서' 이렇게 기도하라고 예수님이 가르쳐주신 것입니다. 때문에 주기도문은 영적 전투의 기도입니다.

악한 영이 나에게 영향을 미치면 처음에는 눌립니다(opression). 그러면 사람이 초조해지게 되고 강박관념이 생기게 됩니다. 그 다음에는 마귀에게 조종을 당하게 됩니다.(control) 어떤 특정한 생각에서 못 벗어나게 되는 것입니다. 그 다음에는 완전히 귀신이 들리게 되는 것입니다.(possession) 귀신은 이런 순서로 역사하게 됩니다. 인간이 강렬한 욕망에 사로잡혀 있을 때 마귀에게 쉽게 눌립니다. 그러니까 소원이 강하면 강할수록 마귀의 밥이 되는 것입니다.

예수님의 제자들은 소원이 없어야 됩니다. 예수님은 자기 소원이 없었습니다. 소원은 마귀가 던지는 낚시의 밥입니다. 무엇을 하고 싶어 하든 예수님이 비전이 되어야 합니다. 그래야 참 해방이 있고 진정한 자유가 있습니다. 목사도 자기 소원을 가지고 목회를 한다면 마귀에게 잡힌 자들입니다. 그러니까 목사도 마귀가 될 수 있습니다. 이것은 성경에 분명히 나와 있습니다. 감독들도 마찬가지로 지옥에 갈 수 있습니다.

빌립보서 3장 19절에 한국말로는 '저희의 마침은 멸망이요' 라고 나왔지만 헬라어로는 아폴레이아($\alpha\pi\omega\lambda\epsilon\iota\alpha$), 즉 지옥이라는 뜻입니다. 빌립보서 1장 1절 후반절에 보면, '모든 성도와 또는 감독들과 집사들에게 편지 하노니' 에서 보는 바와 같이 수신자가 성도와 감독들과 집사들로 나와 있습니다. 즉 감독과 집사가 지옥 갈 수 있다는 것입니다. 목회하다가 지옥 가는 것이 얼마나 비참합니까? 그래서 자기 목표를 가지고 나가는 사람은 마귀에게 잡힌 사람입니다.

우리에게는 하나님과 예수 그리스도 외에는 비전이 없어야 합니다. 하나님과 예수님 외에 목표가 없는 사람이 참 자유인입니다. 악한 자로부터 해방된 다음에 이제 참 자유인으로서 해방되는 것입니다. 해방자 예수 그리스도의 가지가 되어서 그 해방의 물줄기가 우리의 존재를 통해 흘러나옴으로 말미암아, 이 악한 자들에게 공격당하고 눌림을 당하고 조종을 당하고 완전히 귀신들린 사람들을 해방시키며 다니는 우리가 되기를 주님의 이름으로 간절히 소망합니다.

예수님이 제압하신 네 가지

마가복음과 마태, 누가, 요한, 이 사복음서를 보면 예수님이 행하신 놀라운 진리를 배울 수 있습니다. 예수님은 다음의 네 가지는 완전히 비인격적으로 제압해 버리셨습니다.

첫째는 '자연' 입니다. 바다에 풍랑이 거세게 몰아칠 때, 바다에게 인격적으로 물어보지 않았습니다. 단지 "잠잠하라!"(막 4:39)는 한 말씀으로 제압하셨습니다.

둘째는 '귀신' 입니다. 귀신을 예수님은 인격적으로 다루지 아니하셨습니다. "가라!"(마 8:32) "물러가라!"(마 4:10) "나오라!"(막 1:25, 5:8) 하고 비인격적으로 제압해 버리셨습니다.

셋째는 '질병' 입니다. 예수님은 질병도 비인격적으로 꾸짖으심으로써 치료하셨습니다(눅 4:39).

넷째는 '물리적인 현상' 입니다. 예수님께서는 바다 위를 걸어 제자들이 있는 배로 다가오셨습니다(요 6:19). 또 오병이어는 겨우 한 사람의 식량 밖에는 되지 않습니다. 하지만 물리적인 현상을 완전히 제압하여 성인 남자만 오천 명을 먹이셨습니다(막 6:44). 또한 사람이 죽으면 육체가 자연히 썩는 것인데 그것을 말씀으로 명령하셔서 죽은 사람을 살리는 능력을 발휘하셨습니다(눅 7:14). 이 네 가지 종류는 예수님께서 완전히 비인격적으로 제압해 버리셨습니다.

그런데 '인간' 은 예수님이 제압하지 않았다는 점을 주목할 필요가 있습니다. 예수님께서는 사람은 제압하지 않았습니다.

사람은 하나님의 형상으로 만들었기 때문에 사람은 제압하지 않으시고 사랑으로 호소하고 회개를 촉구하셨습니다. 그래서 사람이 회개하고 믿음으로 예수님의 말씀을 영접하여, 믿음으로 순종할 때에 예수님이 그 속에 들어가 주신다고 말씀하셨습니다. 따라서 이것은 강압적인 것이 아닙니다. 하나님은 자원하는 마음을 원하시지 억지로나 인색함으로는 역사를 안 하신다는 말씀입니다.

성령님을 왜 비둘기 같다고 표현했을까요? 짐승들 중에 자기를 좋아하고 싫어하는 것을 가장 민감하게 아는 짐승이 바로 비둘기라고 합니다. 해할 마음을 가지고 가면 비둘기가 벌써 알고 도망가 버리는데, 비둘기처럼 성령님이 얼마나 민감하신지 자기를 싫어하면 그냥 떠나버리는 것입니다.

그래서 성경에 "성령을 소멸치 말라"(살전 5:19), "성령을 근심케 하지 말라"(엡 4:30)고 말씀하신 것입니다. 이것이 다 성령님이 감정에 대단히 민감하시다는 것입니다. 성령님께서 원하지 않으시면 그냥 가버리시거나 뒷짐지거나 그냥 성령님이 숨어버리십니다. 그러므로 자원해서 믿고 순종함으로 주님 앞에 날마다 가까이 나아가야 할 것입니다. 그렇게 여호와를 가까이하면 하나님께서도 여러분을 가까이하실 것입니다(약 4:8).

이와 같이 예수님은 인간을 제압하지 않으십니다. 항상 자유를 주고 결정하게 하고 회개를 촉구하고 기회를 준 다음에 기다리십니다. 심지어 예수님께서는 문둥병자를 고치신 후에 엄히 경계하며 "삼가 아무에게 아무 말도 하지 마라"(막 1:44)고 했는데 그 사람이 동네에서 말하고 돌아다님으로 예수님이 다시는 드러나게 동네에 들어가지 못하시고 바깥 한적한 곳에서 기다리셔야 했습니다. 인간의 훼방으로 예수님의 사역이 제한 받으신 것입니다.

　어떤 고을에 가서는 "저희의 믿지 않음을 인하여 거기서 많은 능력을 행치 아니하시니라"(마 13:58) "거기서는 아무 권능도 행하실 수 없어 다만 소수의 병인에게 안수하여 고치실 뿐이었고 저희의 믿지 않음을 이상히 여기셨더라"(막 6:5-6) 이렇게까지 성경은 쓰고 있습니다.

　예수님은 천지를 창조하신 신인데도 불구하고 인간의 훼방에 능력을 제한 받으셨다고 마가복음은 과감하게 쓰고 있는 것입니다. 사람들이 스스로 회개하고 스스로 자원해서 예수를 따를 때 하나님의 권세가 강력하게 역사하는 것이지, 예수님에게 문을 열지 않고 '그냥 마음대로 하시오.' 이런 거부나 중립적인 태도를 견지하는 사람에게는 하나님이 절대로 역사를 안 하십니다. 시편 8편은 이렇게 고백합니다. "사람이 무엇이관대 주께서 저를 생각하시며 인자가 무엇이관대 주께서 저를 권고하시나이까"(시 8:4)

　우리를 참되고 귀하게 여기시는 주 예수의 긍휼하심을 감사하시기 바랍니다. 인격적으로 예수님은 역사를 하기 때문에 우리가 스스로 하나님 앞에 자복하고 엎드려서 악한 자들에게서 구해 달라고 자꾸만 기도해야 합니다. 악한 자와 상관이 없도록 하나님께 더 가까이 가는 것입니다. '원수가 집 안에 있다'는 말이 있습니다. 한번 덫에 걸리면 빠져나오는데 2년, 10년, 어떤 사람은 평생 30년 걸리는 사람도 있습니다. 그래서 사람 분별을 해야 됩니다. 그 배후에서 역사하는 영들을 다 믿지 말고, 분별해야 됩니다(요일 4:1-6).

'복 있는 사람'과 '악인'

사람의 분별에 대한 내용은 시편 1편과 시편 101편이 대표적인데 먼저 시편 1편의 말씀을 살펴보도록 하겠습니다.

복 있는 사람은 첫째, '악인의 꾀를 쫓지 않습니다.'(1절) 악인의 아이디어와 지혜를 절대 쫓지 않는다는 말입니다.

둘째, '죄인의 길에 서지 않습니다.'(1절) 사람은 쫓다 보면 서게 되어 있고 서다 보면 앉게 되어 있습니다. 그러니까 유혹이 올 때에 가장 현명한 방법은 삼십육계 줄행랑입니다. 배고픈 소년이 김이 모락모락 나는 찐빵 가게 앞에서 '주여, 저 찐빵 훔치지 않게 도와주시옵소서.' 하고 거기서 두 시간 동안 기도하고 있다면 말이 되겠습니까? 무엇하러 거기서 에너지를 소비하고 앉아 있습니까? 혹시 그 날에 따라서 내가 영적으로 이길만하면 괜찮습니다. 하지만 이길만하지 않다면 그 자리에서 얼른 도망가야 합니다. 그래서 우리는 지혜로워야 하고 자기 자신에 대해 분별을 잘 해야 합니다. 자신의 영적인 상태를 잘 살펴서 이길 수 있는 지 없는지를 알아야 합니다.

여호와의 신이 충만하면 덫이 있어도 걸리지 않습니다. 우리는 충만할 때도 있고 그렇지 못할 때도 있습니다. 잘 분별하여 덫에는 안 걸려야 됩니다. 덫에서 완전히 초월하게 되도록 기도하기를 힘쓰십시오.

악한 자들의 꾀를 쫓지 말아야 합니다. 예수 없는 자는 다 악한 자들입니다. 철학이니 심리학이니 가정사역이니 뭐 이런 것들은 상당부분 귀신의 장난입니다. 왜 그렇습니까? 목적을 보면 알 수 있습니다. 그것의 최종적인 목표는 '행복한 삶(가정)'입니다. 제가 말씀 드리는 것은 예수 없이 추구하는 행복, 아니 교회에 다녀도 예수님보다 '행복한 가정'을 최우선 하는 것을 의미합니다. 행복한 가정은 우리의 목적이 아니라, 예수 안에 있는 부산물이며 결과입니다.

행복?, 성경에는 분명히 '우리 중에 누구든지 자기를 위해서 사는 자가 없고'(롬 14:7) '우리가 살아도 주를 위하여 살고 죽어도 주를 위하여 죽는다.'(롬 14:8)고 했습니다. 또한 '누구든지 자기의 유익을 구하지 말고 남의 유익을 구하라.'(고전 10:24) '그런즉 너희가 먹든지 마시든지 무엇을 하든지 다 하나님의 영광을 위하여 하라.'(고전 10:31)고 말씀합니다.

뿐만 아니라 그리스도의 남은 고난을 내가 채운다고 했고(골 1:24) '오직 너희가 그리스도의 고난에 참예하는 것으로 즐거워하라.'(벧전 4:13)고 하였습니다. 하나님 말씀의 기초 없이 '행복한 가정'의 비결을 일일이 파헤치며 추구하는 것은 심리학에 속은 것입니다. 프로이드와 칼 로져스와 칼 융의 이론에 우리가 넘어간 것입니다.

성경은 행복에 대하여 말하기 보다는 '기쁨'에 대해 가르치고 있습니다. 성경 속에서 말하는 행복한 삶의 비결은 그런 것이 아닙니다. '자기를 부인하고 자기 십자가를 지고 나를 따르라.'(마 16:24) 그러면 행복 정도가 아니라 생수의 강(요 7:38)이 흘러나가게 됩니다. 수천만 명 살려내라고 주신 생명이지 행복한 삶의 비결을 가지고 나 하나 행복한 이기주의적인 삶을 살라고 주신 삶이 아닙니다.

자아에게 들린 것은 귀신들린 것보다 더 무섭습니다. 귀신들린 것은 쫓으면 그만이지만 자기 자아에게 들린 것은 어쩔 수가 없습니다. 본질을 어떻게 내쫓겠습니까? 그래서 악인의 꾀를 쫓지 않는 것, 아이디어를 듣지 않는 것이 매우 중요합니다.

우리는 책도 함부로 보아서는 안 됩니다. 일반서적은 말할 것도 없고, 신앙서적 가운데도 상당 부분이 쓰레기이고 마귀 소리입니다. 성경말씀이 표준이 되어서 우리 속에 예수의 말씀이 충만해서 이제는 말하고 생각하는 것이 내가 하는 것이 아니라 예수가 하시는 것이 되어야 합니다.(요 14:26) 저도 일반서적을 많이 보지만 예수로 완전히 사로잡힌 다음에 책을 봅니다. 예수님의 사상과 삶과 생명에 비춰봐서 분석하고 검진할 수 있는 사람이 되어야 합니다. 완전히 성경이 골수에 들어가 있기 전에는 이 사람 것 베끼고 저 사람 것 베끼고 지그재그로 헤매는 것입니다.

원본을 복사하면 계속 비슷한 복사판이 몇 천 장이라도 나옵니다. 그런데 복사판을 복사하고, 그 복사된 것을 또 복사하고 계속해서 백 번만 하면 뭐가 나오겠습니까? 나중에는 하얀 백지가 나옵니다. 그러니까 하나님께서 인정한 일점일획도 변함이 없는 성경 속 인물들의 삶과 주님을 따르고 하나님을 본받음으로써, 특별히 예수 그리스도의 삶과 원본을 자꾸만 복사해서 예수님과 똑같아지기를 경주하여야 합니다. 다른 사람이 복사한 것을 자꾸만 보다보면 흐릿하게 됩니다.

그러므로 책을 함부로 보다가는 큰일 납니다. 그 책을 볼 수준이 안되는데 보다가는 망합니다. 로마서 12장 3절 중반 절에 '마땅히 생각할 그 이상의 생각을 품지 말라'고 했습니다. '청년이여, 야망을 가져라!' 이 말 때문에 야망에 깔려죽은 사나이들이 얼마나 많은 지 모릅니다. 자기가 어디에 이르렀든지 간에 거기서 자연스럽게 믿음의 분량에 맞게 지혜롭게 생각하시기 바랍니다. 그래서 악인의 꾀를 추구하는 책을 삼가십시오. 사람들의 말 듣는 것도 조심하십시오. 교수님들께 강의를 듣는 것도 유의하십시오. 잘못된 생각이나 사상에 빠지

면 이것 또한 덫이 되어 사단의 견고한 진이 되기 때문입니다.^(고후10:3-5)

죄인의 길에 서지 말아야합니다. 오만한 자리에 앉지 말아야합니다. 교만한 사람과 식사만 같이 해도 더러운 영이 옮겨져 들어옵니다. 그런 사람과 자꾸만 사귀면 자기도 교만해지고 뺀질뺀질해지고 목이 곧아져서 교만의 영이 위로부터 흘러내리게 됩니다. 같이 있기만 해도 흘러가게 되어 있습니다. 세상 연락을 즐기고 사치한 사람과 교제하다보면, 나도 모르는 사이에 내가 누추하고 남루해보일 것입니다. 남의 말을 많이 하고, 비판하는 사람과 같이 있다보면, '아닌데...' 하다가도 어느새 동조하게 됩니다. 그러니 요한복음과 요한1서를 자신의 편협한 마음 없이 먹어보기 바랍니다.

"저희는 세상에 속한 고로 세상에 속한 말을 하매 세상이 저희 말을 듣느니라 우리는 하나님께 속하였으니 하나님을 아는 자는 우리의 말을 듣고 하나님께 속하지 아니한 자는 우리의 말을 듣지 아니하나니 진리의 영과 미혹의 영을 이로써 아느니라."^(요일 4:5-6)

하나님의 영은 이렇게 소속부터가 달라지는 것입니다. 우리는 하나님의 사람이기 때문에 하나님의 말을 들으려고 하고 또 그 분의 말씀을 들으면 너무도 좋은 것입니다. 그러나 세상 사람들은 절대로 싫어하는 것입니다. 목사라도 세상을 좋아하고 세상의 권력과 영화를 추구하는 자는 하나님의 듣기 싫어합니다. 그래서 세상의 말대로 하고 거기서 즐기고 껄껄대며 가야뱌의 길로 가게 되는 것입니다. 교만은 마귀의 본체이기 때문에 교만의 영을 뒤집어쓰지 않도록 정말 조심해야 됩니다.

'복 있는 사람'은 오직 여호와의 율법을 즐거워한다고 했습니다. 그 율법을 주야로 묵상한다고 했습니다. 그래서 그 율법이 어마어마한 수맥이 되어서 그 수맥에 우리 영혼의 뿌리를 깊이 내리면 시냇가에 심은 나무가 시절을 쫓아 과실을 맺어서 그 잎사귀가 마르지 아니함 같이 그 행사가 다 형통할 것입니다. 우리가 생수의 강을 접하게 되면 날마다 열매를 맺게 됩니다.

다윗은 시편에서 시절을 쫓아 과실을 맺는다고 하였습니다(3절). 이 말은 일 년에 한 번 열매 맺는다는 말입니다. 다윗의 영성은 그 정도밖에 안 됩니다. 그러나 다윗의 뿌리요 다윗의 주인이신 예수님은 다윗과는 비교가 되지 않습니다. 일 년에 한 번 시절을 쫓아 과실을 맺는 정도가 아닙니다. 성령께서 그 강에 흘러가게 되면 그 잎사귀가 마르지 아니하며 그 행사가 다 형통합니다.

그러나 오늘 날 교회 안에는 별의 별 사람들이 다 있습니다. 우리는 누가 구원을 받은 자인지 아닌지 잘 모릅니다. 또 누가 의인이고 악인인지 또 언제 지금 형편이 아닌 참 그리스도인으로 거듭날지 모릅니다. 이것은 하나님만이 아시는 일이기 때문에, 우리는 때를 얻든지 못 얻든지 항상 전도하기를 힘쓰며 모든 이에게 사랑을 베풀며 그들이 하나님의 자녀로 부끄러움 없도록 가르치며 본을 보여야 합니다.

교회가 지나치게 행위를 강조하여 배제주의에 빠지지 말아야하지만, 세상과 구별이 가지 않을 정도로 혼합주의에 빠져서는 안됩니다. 오직 우리는 하나님의 사랑 안에서 주님의 뜻대로 살아가도록 예수화가 되어야 합니다. 그래서 세상 사람들이 보고 흠모할 만한 산 위에 동네가 되어, 하나님이 기뻐하시는 의인들로 꽉 찬 권세 있는 교회가 되어야 합니다. 일단 교회가 확고하게 하나님의 말씀 그대로 순종하는 자들로 서 있어야 마귀가 틈을 타지 못하며, 세상을 다스릴 수 있습니다. 이렇게 권세 있는 교회가 되어야 합니다. 이것이 교회의 모습입니다. 분명히 성경은 말하기를 악인은 심판을 견디지 못하고 죄인이 의인의 회중에, 하나님 나라에 못 들어온다고 했습니다.

이를 위해 말씀을 맡은 사역자들은 성도 한명 한명을 위하여 기도하며 말씀으로 변화되기를 애써야 할 것이며, 사람을 사랑하되 의지의 대상으로 보지 말아야 합니다. 또한 파수군의 역할을 감당 하도록 늘 기도에 힘써야 합니다. 그래서 악인들, 악한 자에게서 나를 보호해달라는 악인 분별법을 통해 악인의 덫에 걸리지 않고 완전히 자유로운 몸이 되어서 하나님과의 연합 가운데 형통의 역사가 나타나게 되는 것입니다. 하나님이 인정하게 되면 영권과 인권과 물권과 자연권이 나타나서 여러분을 통해 강물의 역사가 흘러가게 되는 것입니다.

그러나 악인은 그렇지 않습니다. 오직 바람에 나는 겨와 같습니다. 악인은 심판을 견디지 못합니다. 죄인이 의인의 회중에 들지 못할 것입니다(시 1:4~5).

'하나님, 오늘 나를 완전히 성별해 주시옵소서. 그래야 주님을 섬길 수 있나이다.' 이것이 우리의 기도제목이 되어야 할 것입니다. 대저 의인의 길은 여호와께서 인정하시나 악인의 길은 망하리로다(6절). 그래서 악인과 의인을 분별하는 것이 시편과 잠언에 계속 꿰뚫고 있는 핵심인 것입니다. 신구약 전체를 꿰뚫어 놓은 것은 의인을 번성시키는 것, 하나님의 생명이 그 속에 들어가서 하나님의 삶과 똑같은 그러한 피조물로 만들고 싶은 것입니다. 그것이 하나님의 열망입니다. 그열망이 우리의 회개와 순종을 통해서 그리고 믿음을 통해서 이루어져야 합니다.

시편 101편도 악인을 분별하는 놀라운 장입니다.

"내가 인자와 공의를 찬송하겠나이다."(시 101:1) 인자와 공의는 항상 같이 가게 되어있습니다.

"내가 완전한 길에 주의하오리니."(2절)

다윗이 지금 자기 왕궁의 파수꾼에서 물 긷는 사람까지 완전히 하나님의 사람으로 왕궁을 천성화 하는 것입니다. 그래서 하나님을 알지 못하는 사람은 절대로 하나님의 일을 하지 못하도록 해서 하나님 나라(Kingdom of God)을 이루고자 하는 것입니다.

사무엘이 그에게 기름 부을 때 '하나님의 왕국을 이루어내야지, 절대로 인간의 왕국을 이루지 말아야지' 결단을 하였기 때문에 왕이신 하나님의 어명에 순종하는 자들로, 완전히 성전 전체를 채우려 했습니다. 심지어 물 긷는 자까지 어떻게 뽑을 것인가, 어떻게 청소할 것인가? 다윗이 지금 주님 앞에 기도하는 것입니다. 내가 지금 완전한 길에 주의하오리니 임해달라고 기도하는 것입니다. "내가 완전한 마음으로 내 집안에서 행하리라"(2절) 다윗 같은 경우는 한 국가이지만, 우리는 우리의 가정과 교회와 사회를 완전한 하나님의 나라로 만들어 가야 할 것입니다.

열왕기상 1장에 보면 학깃의 아들 아도니아가 스스로 자기를 높여 왕이 되려고 합니다(5절). 다윗이 죽기 직전에 기력이 약해지고 힘도 약해지니까, 밧세바가 옆에 있고, 나단 선지자와 사독이 옆에 있는 데도 '아도니야 왕 만세!'(25절) 하고 선포해버렸습니다. 그러니까 나단이 계시를 받고 밧세바에게 가서 분명히 '하나님께서 솔로몬을 세우셨는데 반란이 일어났다' 하며 가서 다윗을 촉구합니다.

악인 한 명이 권세를 갖게 되면 나라 전체가 날아가는 것입니다. 어마어마한 국가가 그 악인 하나 때문에 쑥밭이 되는 것입니다. 악인 하나 잘못 들어왔다 하면 큰 일 나는 것입니다. 내 주위에 나와 사귀는 사람 가운데 악인이 있나, 없나 하는 것은 우리의 가정, 교회, 사업체 등 생존과 관계있으므로 늘 기도로 방비하며 잘 살펴봐야 할 것입니다.

일곱 종류의 사람

시편 101편 3절 이하에 7 가지 종류의 사람을 제거해버리는 것이 나옵니다.

첫째, 비루한 것을 내 눈 앞에 두지 않습니다(3절). 비루한 것은 야비한 자입니다. 주위에 야비한 자는 절대 안 됩니다. 자비와 긍휼이 없고 아주 매몰차서 사람을 쉽게 자르는 이런 사람은 주위에 절대 안 두는 것입니다.

둘째, 배도자의 행위를 미워합니다(3절). 악한 자의 행위를 미워해야 합니다. 하나님이 미워할 때는 나도 미워해야 합니다. 우리 나라는 사람의 정이 중요하고 인맥이 중요하고 체면도 중요하다고 하지만, 하나님이 싫어하시는데도 가볍게 생각하여 괜찮다고 여기면 하나님께 심하게 책망 받게 됩니다. 하나님에게 매달려야 우리도 살고, 나중에 그 사람도 살려낼 수 있게 됩니다.

모세가 백성들이 열 번이나 하나님을 대적할 때에 한 번도 사람들 편에 안 섰습니다. 300만 대 1입니다. 그러나 모세가 항상 맞았습니다. 교회가 하나님의 뜻을 온전히 섬길 때는 문제가 없습니다. 교회는 언제든 타락할 수 있으나 하나님은 타락하시지 않으시기 때문에 교회와 하나님이 대치될 때 우리는 하나님을 택해야 합니다.

성도들과 목회자들이 교회를 잘 섬기면 하나님을 잘 섬긴다고 확신하기 때문에 거기서 잘못이 나타나는 것입니다. 왜 입니까? 교회성장이 목적이기 때문입니다. 하나님이 목표가 아니라 교회왕국 세우는 것이 목표이기 때문입니다.

우리는 교회 일을 열심히 하면 하나님이 기뻐하실 것이라고 생각합니다. 그러나 아닐 수도 있습니다. 구약이나 신약이나 교회가 타락해 가는 모습을 볼 수 있습니다. 모세는 철저하게 하나님 편을 들었습니다. 하나님이 모세 자신도 살릴 수 있고 300만 명을 살릴 수 있는 유일한 분이시기 때문입니다. 하나님을 놓치면 이 사람들과 함께 망하기 때문입니다.

이와 같이 사람 분별을 제대로 하지 못하는 사람은 영적으로 자꾸 꼬꾸라지게 됩니다. 우리는 인맥을 굉장히 조심해야 됩니다. 악한 자들을 전도하여 회개 시킬지언정 교제나 연합이나 동거는 할 수가 없기에 악한 자들과 교제하지 않고, 하나님이 어떻게 악한 자들을 분별하는 지 그 방법을 알아야 합니다.

셋째, "사특한 마음이 내게서 떠날 것이니 악한 일을 내가 알지 아니하리로다."(4절) 본질상 악한 사람, 사특한 마음이 있는 사람을 상종도 않겠다는 것입니다.

넷째, "그 이웃을 그윽히 허는 자를 내가 멸할 것이요."(5절) 미워하는 정도가 아니라 여호와께서 그를 완전히 멸할 것입니다. 다윗은 하나님의 궁전을 하나님이 기뻐하시는 자들로 가득히 채워야 하나님의 영이 자기 민족을 살려준다는 것을 알았습니다. 그러면 그것을 통해서 열방까지 살려내야 되기 때문에, 다윗은 모든 악인을 미워할 정도가 아니라 멸하기까지 한다고 했습니다(8절).

다섯째, "눈이 높고 마음이 교만한 자를 내가 용납지 아니하리라."(5절). 교만한 사람이 들어오면 이건 완전히 암덩어리와 같습니다. 교만한 사람이 한 번 들어오면 암을 완전히 전염시키기 때문에 제거시켜버리고, 회개하면 받아주는 것입니다.

제가 교회를 개척할 때, 네 가정으로 개척했는데 한 사람을 내쫓았던 경험이 있습니다. 저는 잘 알지 못했지만 하나님께서는 그 분을 기뻐하지 않으셨고 하나님 앞에 교만이 가득찼다는 것을 지적하셨습니다. 저는 몹시 고민이 되었습니다. 이제 겨우 4가정으로 교회를 개척하려고 하는 시점에서 한 가정을 보내어야 한다는 것은 마치 한 팔을 짤라내는 것과 같이 느껴졌습니다. 게다가 그 분은 학벌이나 인품과 재물까지 갖추신 분이었습니다. 겉으로 보기에는 화목하고 부러울 것이 없는 가정이었습니다. 그러나 하나님께서는 이 분이 본이 되어야 하는 개척 멤버로 합당하지 않다는 것을 계속 지적하셨습니다. 결국 저는 하나님께 굴복하고 이 분을 교회에서 제명하게 되었습니다. 나중에 이 부인이 와서 고백하는 말씀이 '이 분이 밖에서는 천사이지만 집안에서는 무섭게 변하여 온 가정이 고통을 받고 있을 뿐 아니라, 인간적인 방법을 써서 교인들을 회동하여 매년 목사님을 쫓아낸 것이 모두 13명이나 되어 교회를 많이 파괴했다는 것이었습니다. 교만하면 마귀의 밥 정도가 아니라 마귀를 모시는 무당의 집이 되기 때문에 다른 사람들까지 다 해치고 죽이는 것입니다.

성경이 말하는 교만과 우리가 생각하는 교만은 틀릴 수 있습니다. 성경에서 말하는 교만은 순종하지 않는 것을 교만이라고 합니다. 하나님이 그날 죄에 대해서 깨닫게 해서 회개시키라고 하는데 그 사람하고 화친을 맺고 악수하는 것이 교만입니다. 불순종이 교만이고, 하나님이 명령하시는 것을 준행하는 것이 겸손인 것입니다. 예수님도 바울도 독설법을 많이 썼습니다. 하나님이 분노할 때 같이 분노해야 그게 겸비이고, 하나님이 용서하라고 하시는데 화내는 것은 교만입니다. 그러니까 하나님과 동행해야 겸손할 수 있습니다. 하나님은 눈이 높고 교만한 자를 용납지 아니하십니다. 그렇기 때문에 근처에도 못 오게 하는 것입니다.

여섯째, "내 눈이 이 땅의 충성된 자를 살펴 나와 함께 거하게 하리니 완전한 길에 행하는 자가 나를 수종하리로다."(6절). 하나님은 충성된 자를 살피시고 모으십니다. 또 7절에 보면 거짓 행하는 자가 내 집 안에 거하지 못하며 거짓말하는 자가 내 목전에 서지 못하리로다 하였습니다. 그래서 다윗은 악인을 철저하게 처리했던 것입니다.

일곱째, "아침마다 내가 이 땅의 모든 악인을 멸하리니 죄악을 행하는 자는 여호와의 성에서 다 끊어지리로다."(8절). 이렇게 암이 제거되어야 건강한 몸으로 하나님을 섬길 수 있습니다. 그러면 그 암은 어떻게 합니까? 회개하면 암 덩어리를 치료하여 살려줍니다. 그러나 회개하지 않으면 제거해버리는 것입니다. 사람을 회개시키는 것이 참 사랑입니다. 회개해야 하나님의 영이 그 속에 들어가지 않겠습니까?

집 안에 폐결핵 환자가 들어오면 분리시키는 것은 미워서가 아니라, 양쪽 다 살리기 위함입니다. 이것을 우리가 분명히 알고 우리의 교제권에 악인이 누구인지, 기도를 많이 해야 하겠습니다. 그래서 우리는 중보기도를 통해 영적 전투를 하게 됩니다.

히틀러에게 어마어마한 악령이 들어 간 것은 사실입니다. 역사 기록에 의하면, 히틀러가 연설하기 전에 귀신이 강하게 역사했다고 합니다. 히틀러는 부하가 아무리 얘기를 해도 자기 속에서 들려오는 악령의 소리를 듣는 것입니다. 그래서인지 하나님이 봐 줄 때까지는 전쟁에서 백전백승했습니다. 하나님이 내버려두었다는 것입니다.

그런데 악령이 마지막 결정적일 때 독일군이 이삼 일 계속적으로 밀고 들어왔으면 연합군이 다 박살나서 초토화 되는데, 왠지 모르게 히틀러가 이삼 일 연합군이 다시 재정비하도록 내버려둔 것입니다. 그 이삼일 동안 히틀러 속의 악한 영의 소리가 쳐들어가라고 이야기를 안 한 것입니다.

당시에, 리즈 하월즈(Rees Howells)라는 신학교를 세운 영각자가 하나님 앞에 기도를 하고 있었는데 하루는 하나님께서 '오늘은 히틀러가 쳐들어오지 못하도록 중보기도 하라'는 계시를 받았다고 합니다. 그래서 히틀러 속의 마귀의 권세가 오늘로서 끊어지게 해달라고 기도하면서, 히틀러 속의 마귀와 영적전쟁을 벌였습니다. 그 날 중보기도가 하늘에 상달되었고 그래서 히틀러가 박살나게 된 근본적인 원인이 되었다고 합니다.

이런 이야기들이 한두 가지가 아닙니다. 일본과 싸울 때도 맥아더장군이 하나님 앞에 얼마나 기도했는지 모릅니다. 그래서 맥아더가 기도하면 전승(全勝)한다는 소문까지 돌았습니다. 우리의 삶에서 악한 자와 대적할 때 우리의 중보기도가 악한 자를 이김으로 말씀으로 완전히 승리하는 우리가 돼야 하겠습니다. 그러므로 우리는 날마다 이러한 악인을 분별할 수 있는 지혜를 달라고 하나님 앞에 기도하고 악한 자를 이기기 위해서 중보기도해야 할 줄 믿습니다.

예수님이 '지혜'

제임스 던(James Dunn)은 세계적인 신학자입니다. 그는 1세기때 예수 그리스도를 부르는 예수님의 명칭이 2개가 있었다는 것을 증명하였습니다. 하나는 '로고스($\lambda o \gamma o \varsigma$)'로 이것은 요한복음에서 '말씀'(요 1:1)으로 번역이 되었습니다. 이것은 우리가 익히 아는 바입니다

그런데 그것 외에 1세기 문서를 살펴보고 초대교회를 깊이 연구한 결과, 1세기 때 예수님을 '말씀'이라고 부르고 경배했을 뿐만 아니라, '소피아($\sigma o \varphi \iota \alpha$)' 즉, '지혜'로 예수님을 불렀다는 것을 증명하였습니다. 이것은 아주 놀라운 발견입니다. 예수님께서도 자신을 '지혜'라고 불렀던 것을 성경 속에서 찾아볼 수가 있습니다.

"인자는 와서 먹고 마시매 말하기를 보라 먹기를 탐하고 포도주를 즐기는 사람이요 세리와 죄인의 친구로다 하니 '지혜'는 그 행한 일로 인하여 옳다 함을 얻느니라."(마 11:19) 예수님이 당신 자신에 대해서 '인자'와 '지혜'라고 칭한 것입니다. 이렇게 예수님은 인자와 지혜를 동일 선상에 놓고 자신을 불렀습니다.

'내 이름은 지혜다. 내 행한 일을 봐라' 누가복음에도 "지혜는 자기의 모든 자녀로 인하여 옳다함을 얻느니라"(눅 7:35)라고 나와 있습니다. 여기서도 예수님께서 스스로를 지혜라고 표현하며 소피아라고 부른 것입니다.

"태초에 말씀이 계시니라 이 말씀이 하나님과 함께 하시니 이 말씀은 곧 하나님이시니라"(요 1:1) 이것과 같은 말씀이 잠언 8장 1절 이하에

있습니다. "지혜가 부르지 아니하느냐" 주님은 계속 지혜를 이야기합니다. 잠언 8장 13절, 여호와를 경외하는 것이 악을 미워하는 것이라. 악은 미워해야 하고, 하나님이 싫어하는 것은 싫어해야 합니다. 그런데 이 지혜가 22절에 "여호와께서 그 조화의 시작 곧 태초에 일하시기 전에 나를 가지셨으며" 여기에서 '나' 는 '지혜' 입니다. 태초에 지혜가 있었다는 말입니다. 23절과 26절에 계속해서 나옵니다. 하나님이 지혜를 통해서 천지를 지으셨습니다.

29절, "바다의 한계를 정하여 물로 명령을 거스리지 못하게 하시며 또 땅의 기초를 정하실 때에 내가 그 곁에 있어서 창조자가 되어 날마다 그 기뻐하신 바가 되었으며 항상 그 앞에서 즐거워하였으며"

하나님이 천지를 창조하실 때에 태초에 지혜가 있었고, 30절에 의하면 지혜는 곧 창조자입니다. '지혜인 내가 여호와 곁에 있어서 창조자가 되었다.' 예수님이 '나는 지혜인데 천지 창조 전에, 하나님이 나를 통해서 천지를 창조했다. 그래서 태초에 말씀이 계시니라. 이 말씀이 하나님과 함께 계셨으니 이 말씀은 하나님이시니라. 태초에 지혜가 계시니라. 지혜가 여호와와 함께 계시니 지혜는 곧 창조주 하나님이시니라.' 하나님이 지혜 되시는 예수를 통하지 않고는 만물을 만들지 않았다는 것입니다.

요한복음 1장 1절부터 4절은 잠언 8장 전체와 똑같은 말씀입니다. 잠언은 예수님입니다. 잠언이 예수님이라는 것이 요한복음 5장 39절에 "너희가 성경에서 영생을 얻는 줄 생각하고 성경을 상고하거니와 이 성경이 곧 내게 대해서 증거하는 것이로다"

주지하다시피, 당시의 성경은 구약입니다. 구약 전체가 예수님이라고 예수님께서 말씀하십니다. 그것을 더 확실하게 말씀하는 것이 누가복음입니다. 누가복음 24장에 예수님이 부활하신 다음에 엠마오로 가는 두 제자를 보면서 말씀하십니다.

"또 이르시되 내가 너희와 함께 있을 때에 너희에게 말한 바 곧 모세의 율법과 선지자의 글과 시편에 나를 가리켜 기록된 모든 것이 이루어져야 하리라 한 말이 이것이라 하시고"(눅 24:44)

이스라엘 사람들의 성경 분류법은 영어나 한국어하고는 좀 다릅니다. 시편은 알렉산드리아에서 헬라 문명교육을 받은 유대인들 72명이 모여서 BC. 1-2세기에 72명이 모여서 구약성경을 헬라어로 번역하였습니다. 70인(LXX) 역에 '살모이'(Psalmoi)' 라고 하는 것은 시편과 잠언을 동시에 말하고, 한국말로는 시편만을 의미합니다. 그래서 우리 한국에서는 사실 예수님에 대한 예언이 시편에 많이 나온 걸로 알고 있습니다. 그런데 잠언이 예수님이라는 것은 이러한 사실을 참고하면 더욱더 잘 알 수가 있습니다.

잠언 1장과 2장에 보면 삼위일체가 나오고 여호와의 신이 부어지고, 성령이 강림하는 것까지 잠언에 깊이 있게 다루어지고 있습니다. 여기서 말하는 지혜는 유비나 제갈공명이나 공자가 만든 세상의 지혜가 아니라 하늘로서 내려오는 지혜입니다. 하늘의 공의로 성결된 지혜를 말하는 것입니다.

이 지혜는 예수님을 의미하므로 예수님이 내게 들어오면 하늘의 지혜가 들어온 것입니다. 천지를 창조한 하나님이 내 속에 들어오셔서, 우리 안에서 지혜가 되어 주십니다. 그렇기 때문에 자기의 명철을 의지하지 말고 하나님만을 의지해야 합니다. 범사에 여호와를 인정하면 주님이 지도해 주십니다(잠 3:6). 여쭙는 생활을 습관화하여 묻고 또 물어서 하나님이 가르쳐주시는 하늘의 지혜로 살아야 합니다. 아무리 쉬운 것 같아도 엎드림으로 겸비하게 나아가야 할 것이며, 하나님을 경외함으로 하늘의 지혜이신 예수님 안에 속해야 될 것입니다(전 5:7).

'하나님, 나에게 지혜를 주시옵소서.' 이렇게 그냥 지혜를 달라고 기도하지 마십시오. 우리가 지혜를 달라고 기도하면 지혜를 받아서 누가 쓰는 것입니까? 내가 쓰는 것입니다. 그것은 내가 주체자가 된다는 것입니다. 그러면 내가 또 스스로 판단해서 하나님의 일을 그르칠 개연성이 언제든지 내재되어 있습니다. 따라서 내가 주체가 되는 일은 절대로 있으면 안 됩니다.

우리의 기도는 '하나님이여 나의 지혜가 되시옵소서' 라고 해야 됩니다. 내가 지혜를 소유하는 기도가 아니라 나의 존재가 지혜되신 예수님 안에 들어가 있어서 예수님이 나의 지혜가 되는 존재의 기도를 해야 합니다. 소유 기도를 하지 말고 '여호와가 나의 지혜 되시옵소서. 예수님이 나의 지혜 되시옵소서. 나를 제거하고 나를 완전히 사로잡아 주시옵소서' 라고 기도하는 것입니다. 예수님이 주체자가 되니 우리는 그 분의 참 백성이요, 참 종이 되어 많은 영혼들을 예수님의 지혜 앞으로 무릎 꿇게 할 수 있습니다.

이 세상에서 하나님의 지혜를 당할 자는 아무도 없습니다. 다니엘에게 주어졌던 세상 사람들의 10배의 지혜가 이 책을 읽는 모든 독자에게 임하기를 진심으로 소망합니다. 이 지혜를 받아야 세상에서 세상 사람으로부터 농락당하지 않고, 이기면서 그 안에 역사하는 모든 거짓 역사들을 궤멸시키며 사람들을 살리는 사람이 될 수 있습니다.

학생들이 하나님으로부터 오는 은혜와 지혜를 받지 않고 무턱대고 학원과 과외에 질질 끌려 다니니 우리 아이들이 얼마나 불쌍합니까!

공부해 본 사람들은 알겠지만 공부는 효율이고 집중입니다.

공부하는 방법을 익히지 못한 사람들은 무조건 많이 하면 공부를 잘하는 줄 알고 공부만 하려고 하는데 그것이 아닙니다. 여호와의 지혜가 임하면 집중해서 공부할 수 있으므로 공부하는 시간이 절반으로 줄어도 보다 더 효율적입니다. 10시간 공부할 것을 5시간만 공부해도 됩니다.

한때, 미국에서 제가 섬기는 교회의 아이들이 하나님의 은혜로 세계 최고의 대학인 아이비리그(Ivy League)에 많이 들어갔습니다. 그러니까 우리 교회에 오면 명문대 간다는 소문이 나게 됐는데 아이들을 UCLA 같은 학교에 보내려고 부모들이 일부러 자녀들을 우리 교회에 보냈습니다. 심지어 마약을 해서 뇌세포가 많이 죽어 공부하기가 상당히 힘든 아이들도 하나님의 은혜로 마약을 끊게 되고 예수님의 지혜가 임하니까, 마약으로 파멸될 인생을 살 아이들이 대학 교수가 되고 의사가 된 경우도 있었습니다.

바울이 하는 말을 듣기 바랍니다. 그는 고린도전서 1장 30절에 이렇게 말합니다. "너희는 하나님께로부터 나서 그리스도 예수 안에 있고 예수는 하나님께로서 나와서 우리에게 지혜와 의로움과 거룩함과 구속함이 되셨으니."(고전 1:30)

바울이 말한 이 비밀을 가슴에 새기고 살아야 합니다. 여기에서 바울이 '지혜'를 하나의 물건으로 다루었는지, 존재로 다루었는지를 주의 깊게 보아야 합니다. 여기서 존재로 다루었다는 것을 우리가 명확하게 볼 수 있다면 우리에게 하나님으로부터 나와서 지혜와 의로움과 거룩함과 구속함이 되신 예수님을 믿고 기도하시기 바랍니다. 바울이 꿰뚫은 계시는 참으로 진리입니다.

다시 한 번 반복하지만, 공부는 집중이고 안식이고 마음의 평화입니다. 여기서 효율이 나오는 것입니다. 불안하고 강박관념이 있으면 10시간 앉아 있어도 효율이 오르지 않습니다. 하나님께 염려를 맡기고 편안하게 하나님이 어느 학교 붙여 주더라도 나는 가겠다하고 공부하면 하나님께서 우리의 겸비함을 보시고 높여주시게 될 것입니다.

자기가 지혜를 받아서 움직이는 자 즉, 예수님의 지혜를 이용하는 자가 아니라 자기의 예수화, 지혜화가 됨으로 내가 사는 것이 아니라 내 속에 그리스도가 살아야 합니다. 예수님이 여러분 속에 계시면 신유, 능력, 거룩, 구속뿐만 아니라 지혜로 역사하십니다. 예수가 내 속에서 지혜의 강으로 흐르게 되는 것입니다.

생수의 강

예수님은 요한복음 7장 37~39절에 이런 말씀을 하셨습니다.

"명절 끝 날 곧 큰 날에 예수께서 서서 외쳐 가라사대 누구든지 목마르거든 내게로 와서 마시라 나를 믿는 자는 성경에 이름과 같이 그 배에서 생수의 강이 흘러나리라 하시니 이는 그를 믿는 자의 받을 성령을 가리켜 말씀하신 것이라."

명절 끝날, 마지막 잔치가 제일 큰 것입니다. 그리고 제일 큰 날에는 가장 중요한 말을 하시는 것입니다. 예수님이 일부러 이 때까지 기다리신 것입니다. 부활한 이 후에도 이와 같은 얘기를 하신 것을 주지할 필요가 있습니다.

예수님은 이 말씀을 하실 때 서서 말씀하셨습니다. 예수님은 대중 집회를 할 때는 거의 앉으셨습니다. 베드로의 배에 들어가셔도 앉으셨고 산상수훈을 베푸실 때 팔복을 말씀하실 때도 '산에 올라가 앉으시니'(마 5:1)하며 앉아서 말씀을 전하셨습니다. 사실 영적으로 깊게 들어가지 못하면 흥분된 영의 상태가 되기도 하는데 이럴 때, 자칫 틈이 생겨 실수하기가 쉽습니다. 그러나 앉았다는 것은 편안하다는 것입니다. 그래서 하나님이 주시는 말씀만 하시는 것입니다. 그 강력은 위로부터 내려오는 것입니다(약 1:17). 선다는 것은 내가 뭔가 해 보려고 하는 것으로 자기 힘이 들어가는 경우가 많습니다.

예수님께서 늘 앉으셨다가 이날만은 서서 말씀하셨습니다. 이 경우 예수님이 흥분한 것이 아니고 너무 중요한 말씀을 하시기 때문에 일어서서 강조하는 것입니다. 이를테면 이런 뜻입니다. '이것은 잊지 말아라. 이것을 잡으면 다른 것은 다 따라오는 것이다.'

예수님을 예언한 이사야서 42장 2절에, "그는 외치지 아니하며 목소리를 높이지 아니하며 그 소리로 거리에 들리게 아니하며."라고 하였습니다. 주님께서는 말씀을 하시려다가 숨고 도망가고, 그리스도의 비밀을 지키기 위해 때로는 비유로 말씀하시곤 하셨지만 지금은 분명하게 외치십니다. "예수께서 서서 외쳐 가라사대 누구든지 목마르거든 내게로 와서 마시라. 나를 믿는 자는 성경에 이름과 같이 그 배에서 생수의 강이 흘러나리라."(요 7:37-38)

요한복음 4장에 나오는 우물가의 여인에게도 예수님께서는 "이 물을 먹는 자마다 다시 목마르려니와 내가 주는 물을 먹는 자는 영원히 목마르지 아니하리니 나의 주는 물은 그 속에서 영생하도록 솟아나는 샘물이 되리라"(요 4:13~14)고 말씀하셨습니다.

이 물은 무엇입니까? 세상이 주는 물을 먹으면 다시 목마른데, 예수님이 주는 물을 마시면 성령님이 내 속에 들어오셔서 이제 외부로부터 들여보내지 않아도 내 속에서 펑펑 솟아오르게 됩니다. 다시 목마르지 아니한다는 것은 외부로부터 찾지 않아도 된다는 것입니다.

'네가 여섯 번째의 남자를 구했고 여러 가지 세상의 쾌락과 행복을 찾아서 돌아다녔지만 그것이 계속 너에게 목마름만 주었지 않느냐? 이 세상이 네게 영원한 만족을 주지 못할 때 내가 주는 이 물, 성령을 마시면 네 속에서 영생하도록 솟아나는 샘물이 밖으로 흘러 나리라.' 라는 의미입니다.

성령의 역사

마귀는 밖에서 역사하지만, 하나님은 속에서 역사하십니다. 하나님께서는 속에서 기쁨과 안식과 생수가 흘러나오게 역사하지만, 마귀는 항상 현란하게 밖으로 보이는 것, 들리는 것 느껴지는 것으로 우리의 감각을 두드리고 오감을 자극합니다.

요즘 노래하는 것을 보면 너무 현란합니다. 한국은 안 그런지 몰라도 미국에서 보면 복음성가 가수들의 실력이 제일 좋습니다. 세상 가수들은 자기가 실력이 없으니까 앰프 시스템의 기계를 조작해서 미력한 실력을 보충합니다. 그런데 복음성가하는 사람들은 외부 조작 없어도 내면에서 영이 흘러나오게 되니 엄청난 것입니다.

마할리아 잭슨(Mahalia Jackson)은 단 한번도 제대로 된 성악 교육을 받아본 적이 없었지만 대공항의 실의에 빠진 미국인들에게 복음이라는 희망의 메시지를 전하는 영원한 가스펠의 디바였습니다. 마할리아 잭슨은 흑인이라는 인종차별의 벽을 뚫고 50년대 아이젠하워 대통령과 60년대 케네디 대통령 앞에서도 감동적인 노래를 불렀던 여가수입니다. 덴마크의 여왕이 미국 방문 중에 마할리아와 만났을 때 신문의 머리 기사로 '가스펠 여왕과의 만남' 이라고 기사화 될 정도로 마할리아는 유명인사였습니다. 그녀는 워낙 재능이 출중하여 블루스나 재즈 쪽에서의 유혹도 많았지만 끝까지 가스펠만을 고집했습니다. 1960년대 마틴 루터 킹이 'We shall overcome, I have a dream' 이라고 설교할 때에 100만 명의 군중 앞에서 마리아 앤더슨은 'Amazing grace' 라는 찬송을 불렀습니다.

그때, 이 여인이 노래를 잘 하는 것을 보고 예수 안 믿는 사람들이 라스베가스에서 한 곡만 부르면 그 당시 돈으로 10만 불을 주겠다고 했는데, "내 몸은 여호와만 위해서 있는 것입니다." 라고 말하면서 그 제안을 거절했습니다. 이런 복음가수들이 미국에는 많습니다. 이 사람들은 세속노래는 절대 안 부릅니다. 그들의 노래는 뱃속에서 흘러나옵니다. 밖에서 눈으로 귀로 자극하는 것이 아니라 영혼을 만집니다.

성령세례의 체험은 마치 샘물을 마시는 경험과 흡사합니다. 샘물은 물을 파면 파는 만큼 고입니다. 그것을 먹고 또 먹는 것입니다. 좀 더 파면 우리 가족도 먹고, 더 깊이 파면 동네사람까지 마실 수 있는 것입니다. 그런데 그것 가지고는 안 됩니다. 이 좋은 물, 예수, 성령님을 천 명, 만 명 먹였으면 좋겠는데 이 좋은 예수님을 왜 안 믿는 것인지? 그래서 다른 사람들의 영혼을 위한 안타깝고 불쌍한 마음이 가슴 속에서 넘쳐날 때 예수님께서 우리 앞에 서서 외치신 것입니다.

"누구든지 목마르거든 내게로 와서 마시라"(요 7:37) '마시라' 는 헬라어로 '피네토(πινετω)' 입니다. 피네토는 현재시제로 명령형입니다. 헬라어에서 현재형은 현재진행형입니다. 계속적으로 마시라는 것입니다. '계속 내 피를 마셔라. 계속 성령을 마셔라' 그러면 예수님께서 우리 속에 들어오셔서 우리에게 권능을 부어주십니다. '권능' 은 헬라어로 '두나미스(δυναμις)' 인데, 두나미스는 다이나마이트의 원 뿌리입니다. 우리는 나 하나로 만족하면 안 됩니다. 우리 가정, 우리 교회, 우리 학교, 우리 지역 사람들을 다 먹여야 됩니다. 하지만 먹다가 마르는 우물이 아니라 아주 펑펑 쏟아지는 강으로 만들기 위해 다이나마이트를 확 집어던져 권능으로 터지게 해서 우리 속에 생수의 강이 흐르게 해야 합니다.

"생수의 강이 흐르리라" 할 때, 그 생수는 우리가 생각하는 시원한 뜻의 생수가 아닙니다. 생수의 원어는 '휘다토스 존토스(υδατος ζωντος)' 입니다. 존토스는 자오(ζαω), '살다' 라는 동사에서 나온 분사로 명사 '물' 을 꾸며주는데 본 뜻은 '살리는 물' 이라는 뜻입니다. 이 물은 생수 정도가 아니라 살리는 물입니다. 그러니까 여러분 속에서 생수의 강이 콸콸 흐르면 죽어가는 사람들을 살리게 되는 것입니다. 짠 물이 단 물이 되는 것입니다. 좌절한 사람을 살리고 죄인들을 회개시켜 살리게 되며 병든 자도 치료하게 되는 것입니다. 우리 안에 생수의 강이 흐를 때, 우리의 삶속에 살리는 역사가 일어나게 됩니다.

또 한가지 중요한 점은 살리는 생수의 강이 '포타모이(ποταμοι)' 인데, 포타모이는 복수형으로 그 뜻은 '강들(rivers)' 입니다. 그러니까 한 물줄기가 아니라 여러 물줄기, 생수의 강들이 엄청나게 흘러나는 것입니다. 뿐만 아니라, 강 중에서도 유유히 흐르는 강이 아니라 범람하는 강을 말합니다.

그래서 성령이 우리 중에 강력하게 임하셔서, 샛강이 아니라 한강 정도가 아니라 콸콸 넘쳐나는 콜로라도 강같은 어마어마한 강이 되어서 백 명, 만 명, 천만 명을 살려내는 우리가 된다는 의미입니다. 이것을 주께서 우리에게 주시겠다는 것입니다.

그러면 어떻게 해야 하겠습니까? 믿고 마시고, 믿고 마시고 해야 합니다. 믿는다는 것이 무엇입니까? 예수님은 절대 거짓말을 안 한다는 확신입니다. 다시 말하면 구하는 자에게 반드시 주신다는 말씀입니다(마 7:11, 요일5:14,15). 그래서 자꾸만 예수님을 마셔야 됩니다.

그렇다면 어떻게 마실 수 있습니까? 예수님께서 요한복음 6장 55절에 참된 음료가 예수님의 피라고 하셨습니다. 기도로 먹고 믿음으로 먹는 것입니다.

언제까지 먹고 마셔야 됩니까? 뱃속에서 콸콸 넘쳐 범람할 때까지 전혀 기도에 힘써야 되는 것입니다. 예수님의 제자들이 금식하고 전혀 기도에 힘 쓸 때에 성령께서 바람같이 불같이 나타나서 샘물을 터뜨리고 완전히 범람하는 강줄기로 만든 것을 잊지 마시기 바랍니다. 하나님이 우리에게 바라시는 것은 그 역사가 우리에게도 동일하게 나타나는 것입니다.(요14:12)

우리가 간구해야 될 것은 성령님의 세례입니다. 누가복음 11장은 놀랍게도 주기도문과 연결되어 있습니다. 얼마나 감사합니까! 마태복음은 제자들이 원치도 않는 데 예수님이 가르쳐 주었고, 누가복음은 제자들이 조르는 모습을 볼 수 있습니다. 그래서 누가복음에서는 더욱 강력하게 하나님을 가까이 하라고 말합니다. 구하라, 찾으라, 두드리라, 너희 천부께서 구하는 자에게 성령을 주시지 않겠느냐고 말씀합니다(눅 11:9-13).

예수님께서 무엇을 제압하셨습니까? 자연, 귀신, 질병 또 물리적인 현상을 완전히 비인격적으로 제압하셨습니다. 그러나 사람은 제압하지 않았습니다. 하나님은 우리가 스스로 회개하고 순종하기를 바라는 것입니다. 하나님은 우리가 그 분 앞에 더 가까이 나아가기를 원하십니다. 우리가 가까이 다가간 만큼 다가오십니다.

"하나님을 가까이 하라 그리하면 너희를 가까이 하시리라."(약 4:8)

9장 § 어명기도

너희는 반드시 이렇게 기도하라!
"This is how you should pray"

예수님께서 예수님께서 기도하신 요한복음 17장 전체의 내용이 주님께서 하신 기도문으로 사실 주기도문이라고도 할 수 있습니다. 우리는 마태복음 6장과 누가복음 11장에 기록된 왕이신 예수님이 명령하신 '어명기도'를 중심으로 올바른 기도의 내용과 방법에 대해 나누고 있습니다.

누가복음 11장 1절 이하에, 예수님께서 한 곳에서 기도하시고 마치신 후 제자들과 대화한 이야기가 나옵니다. 제자들은 어떻게 기도해야 하는지, 예수님이 기도만 하시면 병든 자가 일어나고 죽은 자가 살아나는데 너무너무 놀랍고 궁금해서 묻습니다.

"주여 요한이 자기 제자들에게 기도를 가르친 것 같이 우리에게도 가르쳐 주옵소서."(눅 11:1) 예수님께서는 이렇게 먼저 사람이 스스로 요청할 때, 믿음으로 간구할 때 가르쳐주십니다.

2절에, 예수께서 이르시되 "너희는 기도할 때에 이렇게 기도하라" 하시면서 바로 아버지 명예를 위해서, 아버지 나라를 위해서, 일용할 양식을 위해서, 죄 용서와 시험 분별을 위해 기도하라고 명령하십니다. 그리고 나서 어떻게 기도해야 하는지 5절 이하에 기도하는 방법을 가르쳐 주는 이야기가 나옵니다.

그 이야기는 다음과 같습니다. 한 밤중에 어떤 사람이 친구를 찾아 갔습니다. 이미 밤이 깊었지만 불가불 자기 친구에게 나아가 떡 세 덩이만 빌려달라고 합니다. 친구가 여행 중에 내게 왔는데 집에 양식이 떨어져서 이렇게 왔다고 강청하는 것입니다.'

그러니까 친구가 대답합니다. "야! 지금 새벽 2시야!" 그런 다음에 7절, 저가 안에서 대답하되 세 가지로 말합니다. 첫째, 제발 괴롭히지 말라. 두 번째, 이미 문이 닫혔다. 세 번째, 나만 깨면 모르겠는데 애들이 나와 함께 침실에 누워있으니 이렇게 밤에 설쳐서 애들이 깨면 그 다음 날에 일을 할 수가 없다는 겁니다.

8절, "내가 너희에게 말하노니 비록 벗됨을 인하여서는 일어나 주지 아니할지라도 그 강청함을 인하여 일어나 그 소용대로 주리라." 친구 사이이기 때문이 아니라 '그 강청함으로' 주게 된다는 것입니다. 강청 함은 헬라어로 아나이데이아(ἀναίδεια)인데 부끄러움을 무릅쓰고 끈 질기게 지속적으로, 한국말로는 뻔뻔스럽게 목숨 걸고 안주면 안 가기로 작정했다는 것입니다. 그렇게 강청함으로 인하여 일어나 소용대로 주었습니다.

'소용대로 주리라'는 '호손 후레제이(ὅσων χρῄζει)'입니다. 호손은 '네가 필요한 만큼', 또는 '네가 필요할 때까지'입니다. 엘리사에게 성령의 기름이 동하기 시작했습니다. 그래서 동네에 빈 그릇을 빌려오라고 했습니다. 여기저기 빌려왔는데 하나님의 은혜가 어디까지 차고 끝났습니까? 빌려온 그릇이 찰만큼 차고 끝났습니다. 필요한 만큼 성령님께서 말씀하시는 것입니다.

말씀을 전하는 자는 하나님 앞에서 교인 열 명과 만 명이 똑같다는 사실을 명심해야 합니다. 하나님께서 그 날 부어주시는 일용할 양식, 그 날 퍼부어주시는 성령의 생수의 강이 넘쳐나면 열 명이 있어도 '내 잔이 넘치나이다' 할 수 있고, 십만 명이라도 풍성히 먹일 수 있게 됩니다. 하나님은 그 날 성도에게 필요한 만큼 주십니다.

그러니 사람이 많다고 기도를 4시간 할 필요도 없고, 사람이 적다고 10분만 기도해도 안 되고 항상 주님이 시키는 대로 기도하고 움직여야 합니다. 속에서 성령의 강이 펑펑 범람할 때까지, 위로부터 능력이 임할 때까지 기도하고 나서 생수가 넘쳐 흐르기 시작하면 성도들에게 필요한 만큼 나오게 됩니다.

이를 위해서 강청해야 합니다. 주기도문을 놓고 목숨을 걸어야 합니다. "하나님! 내 이름을 땅바닥에 떨어뜨려 주시옵소서" 하고 목숨을 걸고 기도해야 합니다. 내가 사람들의 칭찬을 좋아하지 않을 때까지, 내가 사람들의 인정과 높임을 갈망할 때 완전히 박살내달라고 강청하며 기도해야 합니다. '아버지, 내 뜻 없애 주세요. 내 사람 만들지 않게 해 주세요. 내 왕국 제거해 주세요.' 내 왕국에 관심이 없을 때까지, 아버지가 보내신 자에게만 관심이 있을 때까지, 순결하게 주님을 섬길 때까지 기도해야 합니다.

내 뜻을 제거해 달라고, 하나님의 뜻이 내 뜻이 될 때까지 기도해야 합니다. 아버지 뜻 안에 내 뜻이 용해될 때까지 기도해야 합니다.

하늘의 일용할 양식도 '아버지, 오늘 예수님의 떡과 양식을 안 먹으면 살 수가 없습니다. 또 다른 짓을 합니다.' 강청하면 하나님이 기다리십니다. 일부러 가만히 계십니다. 30분 기다리고, 1시간 기다리고, 그래도 포기하지 않고 강청하면 '주실 때까지 절대 안 가겠다'고 결정할 때 하나님이 나오시는 것입니다. 우리가 가만히 있는데 제압하고 억지로 주는 것이 아닙니다. 얼마만큼 달라붙는지 보시고 주시는 것입니다. 하나님이 자신을 얼마나 의지하는지를 보시는 것입니다. 진실로 주님을 향한 우리의 간절한 사랑이 넘칠 때 주님께서 우리를 만나주실 것입니다.(잠 8:17, 역대상 28:9)

"내가 또 너희에게 이르노니 구하라 너희에게 주실 것이요 찾으라 그러면 찾을 것이요 문을 두드리라 그리하면 열릴 것이니 구하는 이마다 얻을 것이요 찾는 이가 찾을 것이요 두드리는 이에게 열릴 것이니라. 너희 중에 아비 된 자 누가 아들이 생선을 달라 하면 생선 대신에 뱀을 주며 알을 달라 하면 전갈을 주겠느냐 너희가 악할지라도 좋은 것을 자식에게 줄 줄 알거든 하물며 너희 천부께서 구하는 자에게 성령을 주지 않겠느냐?"(눅 11:9~13) 강청하여서 성령을 달라고 기도하라는 것입니다. 성령을 받을 때 우리의 기쁨이 충만해질 것입니다.(마 7:11, 요 16:23, 24)

아버지의 좋은 선물

마태복음 7장 11절에, "너희가 악할지라도 너희에게 좋은 것을 주지 않겠느냐?"에서 '좋은 것'은 무엇입니까? 내 아들 서울대 보내고, 많은 재물 벌게 하는 것은 좋은 것이 될 수도 있지만, 덫이 될 수도 있습니다. 영원히 항상 좋은 것은 우리를 예수화 시켜서 하나님의 뜻대로만 살게 하는 성령님입니다. 성령님을 달라고 강청하면서 새벽에 일어나 기도하십시오.

밤 12시부터 새벽 2~3시까지가 마귀가 가장 많이 활동하는 시간입니다. 그때, 기도하면 영적인 전쟁을 경험하게 됩니다. 따라서 심하게 피곤을 느껴 제대로 기도를 못하거나 방해를 받게 되거나, 또한 영적인 전쟁에서 승리하여 어마어마한 영적인 능력이 임하게 됩니다. 이것은 많은 영성가들이 말하는 것입니다. 그러나 주님과의 깊은 교제에 집중하려면 아무래도 3시 이후가 좋습니다. 그래서 저도 새벽 3시에 일어나 엎드리곤 합니다.

자기 하나 마시는 것으로는 다른 사람을 살릴 수가 없습니다. 내 배를 완전히 터트려 주셔서 강들이 흘러가게 해야 합니다. 강물도 그냥 강물이 아니고 범람하면서 사방팔방으로 흘러가야 합니다.

그러한 강물줄기 하나하나를 성경에서는 은사라고 부르고 있습니다. 범람하는 강물줄기의 근원은 예수 그리스도 그 분의 이름으로 오신 성령님입니다. 사람에 따라서 어떤 이는 예언의 강물줄기를 주어 교회를 세우고 세상 사람을 살립니다. 어떤 사람은 말씀의 지혜를 주기도 합니다. 그렇게 우리가 말씀에 순종한 만큼 겸비하고 또 겸비하면 스물일곱 가지의 강물줄기가 세워지게 됩니다.

은사는 한 사람에게 하나 이상은 반드시 있습니다.(고전 12:7-11) 은사에는 지체라는 뜻도 있습니다. 우리 몸 중에서 역동적으로 움직이지 않는 지체는 없습니다. 모든 지체는 활발하게 머리의 명령을 듣고 피를 공급받고 공기를 공급받아서 활발하게 움직이고 있습니다. 성경은 먹는 것입니다. 연구하거나 공부하거나 지식적으로 정보를 쌓아봤자 소용이 없습니다. 말씀과 기도와 순종과 강청함으로 자기를 예수화시켜야 합니다.

로마서 12장 1절에, "그러므로 형제들아 내가 하나님의 모든 자비로 너희를 권하노니 너희 몸을 하나님이 기뻐하시는 거룩한 산제사로 드리라"고 했습니다. 우리의 몸을 드림으로 시작하는 것입니다. 우리 몸은 만민을 위하여 기도하는 집이기 때문입니다. 그러므로 이 세대를 본받지 마십시오(롬 12:2). 세상을 사랑하지 마십시오. 세상도 사라지고 그 형적도 사라지지만(고전 7:31) 오직 하나님의 뜻을 행하는 이는 영원히 거하게 됩니다(요일 2:17).

대부분의 사람들이 나이를 먹어가면서 자신이 한 일이 오래토록 영원히 남기를 바랍니다. 그런데 자기가 30년 죽도록 일했는데 하루 밤에 모두 불타버리면 얼마나 비참하겠습니까? 헛된 것, 불탈 것을 위해 수고하는 것만큼 허무한 것이 또 어디에 있겠습니까? 그 허무 때문에 오는 좌절감으로 귀신 들리고 사단이 틈타게 됩니다. 완전히 무너지는 것입니다. 이 세상 것은 지나가는 일시적인 것이기 때문에 정함이 없는 것을 위해 수고하는 삶을 살지 마시기 바랍니다. 하지만 주님 앞에 순종하는 것은 영원히 남습니다. 천부께서 심지 않은 것은 뽑힙니다. 가야바가 40년 자기 성을 쌓았지만 하나님께서 뽑아버린 것을 기억하시기 바랍니다. 우리 모두 성령 충만 하여 각각의 은사를 따라 영원한 것을 위하여 일하는 충성된 하나님의 일군이 되어야 합니다.

그러므로 이 세대를 본받지 말고 오히려 마음을 새롭게 하는 존재론적인 혁명이 일어나 하나님의 선하시고 기뻐하시고 온전하신 뜻이 무엇인지 분별하도록 하십시오. 하나님의 선하신 뜻이 무엇인지 아십시오.

은사의 방향은 하나님의 뜻을 분별하는 쪽으로 나가는 것입니다. 영성이 깊다는 사람이 남을 무시하고 반말을 함부로 한다면 이것은 뭔가 잘못된 것입니다. 성령의 나타나심은 유익을 위하여 주어진 것이며,(고전12:7) 다툼없는 사랑 가운데 예수 그리스도의 몸을 세우기 위함입니다.(고전12:12-27)

'내게 주신 은혜'(롬 12:3)는 은사와 똑 같은 말입니다. 바로 '카리스마'(χαρισμα)라는 명사의 뿌리에서 기원했습니다. 뜻은 '선물'이라는 것입니다. 이렇게 '값없이 준 호의(favor freely given)'나 은혜의 선물(gift of grace)'을 받은 사람은 누구를 자랑해야 합니까? 준 사람을 자랑해야 합니다. 100번 칭찬하면 누구를 자랑해야 합니까? 100번 은혜주신 하나님만 자랑해야 합니다.

그런데 99번 자랑하다가 한번 '내가 잘났나?' 하면, 그때 마귀에게 틈을 내어주는 것입니다. 우리가 우쭐하여 자기를 드러내고자 하는 교만, 이 육신을 다룬다면 마귀는 우리에게 어떤 일도 할 수 있습니다. 그러니 준 사람을 100% 자랑해야 합니다. "내게 주신 은혜로 말미암아 너희 중 각 사람에게 말하노니 마땅히 생각할 그 이상의 생각을 품지 말고."(롬 12:3) 이것이 중요합니다. 적극적인 사고방식이 마귀의 소리라는 것이 여기에서 나왔습니다. 적극적 사고방식은 마땅히 생각할 그 이상을 생각하는 것입니다. 목표만 높게 세우는 것입니다. '네 입을 넓게 열라'(시 81:10)는 성경구절을 악용하고 도용하여 욕망의 영, 바알의 신을 섬기는 한국 교회가 되었습니다.

진정한 교회가 세워지고 하나님의 몸이 세워지면 영적으로도 감각이 발달하게 됩니다.

첫째는 '죄의식' 입니다. 죄의식에 민감해집니다. 영생이 내 속에 들어오고부터는 아주 민감해집니다. 저는 영적으로 성장하면서 아내에게 소리 지른 것을 하나님 앞에서 용서를 받는데 일주일 정도 창자가 끊어질 듯이 회개하였습니다. 제가 하나님의 형상에 흠집을 내게 했다는 것입니다.

가구에 흠집이 생기면 그 가구는 반 이상으로 가격이 떨어져 못쓰게 됩니다. 보석의 경우에는 더합니다. 그러므로 영혼에 흠집이 나면 일주일간 땅바닥을 치면서 회개해야 한다는 것입니다. 이와 같이 하나님을 향해 다가갈수록 죄에 대한 감각은 더욱더 발달하게 되어 있습니다. 거리에 종이 하나 떨어뜨려도 마찬가지입니다. 아마 예수에 사로잡힌 사람만 있으면 그 나라는 세계에서 제일 청결한 나라가 될 것입니다. 영적이건 육적이건 세계 일등 국민이 될 것입니다. 흠모할 만한 도덕성이 생기는 것입니다.

둘째는 '아버지에 대한 의식' 이 생겨서 아버지와의 교제가 깊어집니다. 신앙이 깊지 않으면 '내 아버지' 가 아니라 '하늘에 계신 아저씨' 처럼 느껴집니다.

셋째는 '사랑하지 않고는 못 배기는 것' 입니다. 날마다 킥복싱하던 부부가 은혜를 받으면 미운 마음이 없어지고 처음 연애할 때처럼 사랑하게 되는 것입니다.(벧전 4:8, 엡 4:32) 아내는 남편을 존경하고 남편은 아내를 내 몸같이 사랑하게 되어 가정 천국이 이루어지는 것입니다.(골 3:18-19)

마지막으로 '그리스도의 몸' 의식이 발달합니다. 머리 되신 예수께 순종하고 머리가 시키는 대로 교회와 성도들이, 구역원들이 서로 서로 자연스럽게 기도하고 필요를 따라 공급하게 됩니다.(고전 12:12-27)

불순종은 암세포라는 것을 명심해야 합니다. 왜냐하면 머리에 순종하지 않는 유일한 세포가 암세포이기 때문입니다. '적극적인 사고방식'이 아니라 '예수의 사고방식'을 갖기 바랍니다.

예수 방식은 하라는 것은 철저히 하고 하지 말라고 하면 목숨 걸고 안하는 것입니다. 오직 하나님께서 나눠준 믿음의 분량대로 해야 합니다. 믿음의 분량은 굉장히 중요합니다. 자기가 실제적으로 믿어지고 안 믿어지는 것을 잘 알아야 합니다. 믿음의 분량대로 자기 범위를 알아야 한다는 것입니다. 그것이 안 잡혀지면 하지 말아야 합니다. 하나님이 계시하셔도 '제 능력으로는 저는 감당치 못하겠습니다.' 그러니 능력을 부어주시옵소서,' 하면 하나님이 '야! 똑똑하다'고 하십니다. 준비되면 하나님이 역사하십니다. 그래서 자기의 영적인 수준을 알아야 합니다. 자신이 초등학교 5학년 수준밖에 안 됐는데 방정식을 풀면 혼미하게 됩니다. 욕심과 소원이 망하게 합니다.

"몸은 하나인데 많은 지체가 있고 몸의 지체가 많으나 한 몸임과 같이 그리스도도 그러하니라."(고전 12:12) 이것을 예수님의 말씀으로 풀면 강물줄기 하나하나가 사람의 필요에 따라서 생수의 강들이 흘러가는데 어떤 사람에게는 이런 강들이 흘러가고 어떤 사람에게는 다른 강들이 흘러간다는 말입니다. 또 우리 중에 필요하면 서로 기도해 주고 서로 공급해 줌으로 말미암아 아무도 부족함이 없게 된다는 것입니다.

고린도전서 12장 4-11절에 의하면 우리에게 주신 은사가 각각 다릅니다. 강물줄기가 다릅니다. 그것을 통해서 사역해야 합니다. 또한 에베소서 4장 1-12절, 베드로전서 4장 10-11절, 여기만 해도 22가지 은사가 나옵니다. 여기에 다섯 가지가 또 있습니다. 독신의 은사, 순교의 은사 등 나에게 어떤 강이 터질지 기도하십시오.

27개의 은사 중에서 26개는 교회와 불신자를 위해서 있는 것이고, 방언만 자기를 위해서 있습니다. 방언은 위로부터 하나님과 긴급 내통하는 그런 강물줄기입니다. '네 뱃속에서 생수가 솟아나리라' 에서 이 말씀은 문자적으로 콸콸 쏟아진다는 것입니다. 아무리 배신당하고 가슴이 찢어져도 엎드려서 5분만 기도하면 불쌍한 마음, 긍휼히 여기는 애틋한 마음이 쏟아집니다.

고린도전서 14장 4절에, "방언을 말하는 자는 자기의 덕을 세운다"고 합니다. 방언이 덕을 세운다는 것은 '오이코도메오(οικοδομεω)', 집을 짓는 것입니다. 방언은 소망의 집, 예수님이 내 속에서 살 수 있는 저택을 짓는 것입니다. 벽돌 한 장으로는 집을 짓지 못합니다.

방언을 많이 할수록 수백 명, 수천 명을 살릴 수 있는 어마어마한 저택을 지을 수 있습니다. 바울은 '나는 너희가 다 방언하기를 원한다'(고전 14:5)라고 했습니다. 한국말이나 영어로 기도하면 엎드려서 30분 이상 기도하기가 힘듭니다. 방언하면 생수가 범람하면서 하늘의 소리가 펑펑 쏟아집니다.

고린도전서 12장 30절에 보면 '다 방언을 말하는 자겠느냐?' 라고 합니다. 이것은 사역 면에서 그렇습니다. 그러나 분명히 바울이 14장에서 밝히기를 나는 너희들이 다 방언하기를 원한다고 했습니다. 한쪽을 약화시키지 말고 양쪽을 다 보시기 바랍니다. 방언은 내 믿음의 집을 쌓는 것이고, 사역 면에서는 예언과 동일하게 통역이 되면서 쓰이는 것을 말하는데 아무쪼록 하나님이 주시는 강물 줄기를 다 쏟아서 생명을 살리시기 바랍니다.

"예언이면 믿음의 분수대로"(롬 12:6)하라고 했습니다. 예언에서 제일 중요한 것이 믿음의 분수대로 하는 것입니다. 하나님은 30년 후의 이야기를 하실 수도 있습니다. 계시에는 정해진 시간이 없습니다. 하나님이 예언할 때는 시간을 이야기하지 않으십니다. 왜냐하면 시간은 하나님의 손에 잡혀 있기 때문입니다. 우리의 순종과 성숙도에 따라서 하나님이 자르기도 하고 늘리기도 하시는 것입니다. 연기도 하고 지체도 하고 그러니 '우리가 달라고 기도하는 것보다 그것을 할 만한 사람으로 성숙시켜 주시옵소서'라고 존재론적인 기도를 많이 하는 것이 중요합니다. '하나님이 나를 내세우지 않고는 못 배기는 존재로 만들어 주세요'라고 기도하십시오. 아직 어린 아이가 수염도 없는데 '면도기 주시옵소서' 하고 철야 금식하면 얼마나 불쌍합니까? 수염 나면 당연히 면도칼 줄 텐데 말입니다.

'믿음의 분수대로'라는 말은 하나님 말씀하시는 것이 요새 것인가 30년 후 것인가를 알아야 한다는 말입니다. 예언도 때로는 낙태가 됩니다. 분명히 하나님은 말씀하셨는데 안 이루어지는 것이 있습니다. 예언이 유산되어 버리는 것입니다. 그것은 다 자기 때를 모르고 날뛰다가 망한 것입니다.

계시를 듣고는 현재를 살지 못하고 미래에 떠서 붕붕 떠다니다가 망하지 말고, 그것을 이룰 만한 사람이 되게 해달라고 기도하십시오. 붕붕 떠서 꿈에 깔려 죽은 사람이 한 두 사람이 아닙니다.

믿음의 자녀들은 하나님께서 들려주시는 마음의 감동이나 음성을 누구든지 듣고 경험할 수 있습니다.(롬8:14) 그러나 이것은 다 특별한 예언의 은사라고 착가하여 교회와 타인에게 함부로 예언하여 위험에 빠지지 않도록 각별히 주의하여야 합니다. 예언의 은사는 우리의 믿음의 분량과 또 영적인 성숙도에 따라서 엄청난 차이가 나므로, 비록 은사가 있다고 하여도 이를 공적으로 사용하는 데는 많은 십자가의 훈련과 말씀의 훈련이 필요합니다.

고린도전서 13장은 우리가 하나님께 받은 은사들을 어떻게 활용해야 하는지를 잘 보여주고 있습니다. 우리 안에 사랑의 길이 잘 닦여 있으면 우리는 많은 좋은 은사로 사람을 살리는 통로가 될 수 있습니다.(고전13:1) 귀한 은사를 받는 것도 좋지만 이것을 사랑으로 행하는 것이 더욱 더 중요합니다. 영적 은사는 사람들의 실패나 실수를 들추어내는 것이 아니라 세워주는 것입니다. 사랑은 허다한 죄들을 덮고 용납하는 것입니다.(벧전4:8, 엡4:32)

은사를 잘못 사용하거나 개인적인 유익을 위하여 사사로이 행사하다가 다른 길로 빠져 자신은 물론 타인과 교회를 어지럽히고 심지어 멸망의 구렁텅이로 빠진 사람이 얼마나 많은지를 깨닫고 늘 주님과의 긴밀한 관계를 유지하며 주님의 사랑의 통로로만 사용되도록 항상 깨어 있어야 합니다. 그러기에 은사를 구하기 전에 예수님의 마음, 사랑을 구하십시오.

또한 사도 바울처럼 우리가 부분적으로 알고 부분적으로 예언한다는 것을 알고, 주장하는 자세가 아니라 늘 겸손한 마음으로 섬기는 자가 되어야 합니다. 따라서 자신의 은사만을 주장하면 안됩니다. 모든 최종적인 권위를 자신의 은사나 체험 위주에 두지 않도록 주의하며, 우리에게 더 확실한 예언인 말씀을 벗어나지 않도록 말씀에 착념하여야 합니다.(벧후1:17)

'섬기는 일이면 섬기는 일로' (롬 12:7) 여기서 섬기는 은사는 디아코니아($\delta\iota\alpha\kappa\sigma\nu\iota\alpha$)로 '사역'이라는 말입니다. 이 사역이 말씀으로 섬기거나 청소로 섬기거나 물질로 섬기거나 간에 여러 가지 방면으로 각자에게 섬기는 은사가 있습니다.

'혹 권위 하는 자면 권위하는 일로'에서(롬 12:8) 권위자는 위로의 사람입니다. 다른 사람에게는 위로를 못 받는데 이 사람이 몇 마디 하면 금방 살아나게 됩니다.

'구제하는 은사가 있는 사람'은(8절) 하나님이 물질을 부어 축복하십니다. '다스리는 자와 긍휼을 베푸는 자는(8절) 또 이 은사를 사용할 때 부지런함과 즐거운 마음을 부어주십니다.

그러니 오직 하나님 뜻대로 구하는 것이 중요합니다. 하나님께 강물이 터지게 해달라고 기도해야 합니다. '범람하게 하옵소서'라고 기도해야 합니다. 터질 때까지 강청하며 기도하십시오. 우리가 강청하여 기도할 때에 아버지께서는 가장 좋은 선물이신 성령님을 주실 것입니다. 그러면 우리의 이름과 왕국과 소원은 제거되고 아버지의 소원을 우리의 소원으로 품을 수 있는 참 종들이 될 것입니다.

일곱 가지 기도

이제껏 하나님께서 일러 주신대로 주기도문을 강해하였습니다. 이 어명기도 한 구절, 한 구절도 소중하거니와 이를 전체적인 맥락에서 이해하고 받아들일 수 있는 은혜를 허락하여 주신 우리 하나님 아버지께 영광을 드리며 그의 은혜에 감사를 드립니다.

끝으로 정리하면서, 이 강해를 마무리하겠습니다. 주기도문은 크게 일곱 가지의 기도인데 그 순서도 중요합니다. 하늘에 계신 우리 아버지, 내 속에도 계시고 어디에도 계시는 편만한 하나님을 기도한 다음에 세 가지 하나님을 향한 기도와 네 가지 자신을 위한 기도로 이어집니다.

첫째는 하나님의 이름, 둘째는 하나님의 왕국, 셋째는 하나님의 뜻, 이 세 가지는 동일하게 나의 이름, 나의 왕국, 나의 뜻이 쪼개져야 되는 것입니다. 나의 존재가 비워져야 하나님의 왕국이 임하는 것입니다. 자기의 왕국, 하나님의 사람이 아닌 자기 사람 만드는 것, 자기 인맥 치는 것을 뽑아내야 합니다.

그러기 위해서 자기의 뜻과 소원을 제거하고 자기의 목적이 이루어지지 않게 해달라고 기도해야 합니다. '자신만만' 하다는 것은 '자기가 신' 이 되었다는 것과 같습니다. 우리는 자신을 비우는 기도로 먼저 그의 나라와 그의 의를 구해야 할 것입니다.

그리고 이제, 일용할 양식을 위해 기도해야 합니다. 하늘에서 내려오는 양식이 무엇입니까? 바로 예수님입니다. 이와 같이 하나님을 대적하는 것들이 다 뽑아졌을 때 생명의 떡 예수를 먹어야 합니다. 예수님의 살과 피를 먹고 마시고 먹고 마시고, 내가 다 뽑아졌을 때 내 속에 예수가 들어가는 기도가 '일용할 양식을 주옵시고' 라는 기도입니다. 완전히 예수화 되는 기도입니다.

그런데 예수화 되기 위해서는 정녕코 내 속의 자아가 몰아내져야 합니다. 따라서 회개기도를 해야 합니다. 제가 어려서부터 교회를 다녔는데도 불구하고 7년 동안 집중적으로 회개만 한 적이 있습니다. 회개로 말미암아 나를 뽑아내어야 합니다. 나를 뽑아내는 것, 우리 아버지로부터 내려오는 것, 우리 조상 때부터 내려오는 것, 어릴 때 형성된 습관이나 성품까지도 십자가를 통과하지 않은 것은 다 뽑아내어야 합니다.

내가 좋아하는 것도 뽑아내야 됩니다. 뽑아내서 일용할 양식을 먹음으로 하늘의 양식인 예수가 내 속에 들어가서 나를 몰아내고 이제는 내가 사는 것이 아니라 오직 내 안에 예수가 살게 하는 것입니다(갈 2:20). 그러면 나는 할 수 없는 그 일을 내 속에 계신 예수님으로 할 수 있게 됩니다.

회개기도를 할 때, 십자가의 은혜가 임하는 것을 경험하게 됩니다. 십자가에서 쏟으신 주님의 보혈이 나를 덮어주시는 것을 영적으로 체험하게 되는 것입니다. 죄의 본성으로 말미암은 온갖 더러웠던 행위가 십자가에서 처리되는 것입니다.

죄의 사슬에 결박되어 있는 우리에게 십자가의 은혜가 죄의 용서와 지금까지 결박하고 있던 사슬에서 놓여남을 경험하게 해줍니다. 예수님께서 십자가에서 죽으신 이유가 무엇이었습니까? 바로, 우리를 죄와 사망의 저주에서 해방시켜 주시려는 것이셨습니다. 따라서 주님의 십자가 아래로 나아가면 부활하신 예수님께서 하나님의 영으로 우리를 충만하게 주십니다. 또한 주님의 자녀로 살아가도록 이끌어 주십니다.

우리는 회개기도를 통해서 십자가 아래로 나아가야 합니다. 주님의 보혈에 나의 심령을 적셔야 합니다. 그렇게 될 때, 비로소 인간적으로 살아왔던 내가 뽑아지게 됩니다. 그 자리에, 주님께서 들어오십니다. 예수님이 내 속에 들어오심으로 말미암아 나에게 죄지은 원수도 용서해 줄 수 있게 됩니다. 내 안에 예수가 완전히 나를 사로잡으니까 미워하는 사람이 이제는 없게 됩니다. 예수님에게 사로잡혀 관계에서 맺힌 사람이 하나도 없게 됩니다. 그래야 하나님 앞에 담대함을 얻게 되고 하나님 앞에 양심이 거리낌이 없게 되어 우리가 구하는 것을 다 얻게 되는 것입니다. 요한일서 4장의 말씀입니다.

　사람을 용서할 수 있게 되면서 하나님이 분별력을 주십니다. 초자연적인 통찰력을 주시므로 시험에 들지 않게 하는 것입니다. 그래서 예수는 우리의 지혜이십니다. 예수님이 우리 속에 들어와서 분별해 주시는 것입니다. 분별을 주실 뿐만 아니라 악한 자와 덫에서 해방시켜 주십니다.

　하나님께서는 우리 기도를 응답하여 주실 것을 약속하셨습니다. 얼마나 감사합니까! 이 비밀을 여러분도 누리시길 바랍니다. 예수님께서 가르쳐주신 이 어명기도의 비밀은 지식으로 얻을 수 없고 오직 기도와 순종으로만 여러분의 삶 가운데 임할 것입니다.

• • •

"교회의 첫 번째 사명이 땅 끝까지 복음을 전하는 일이라고 한

일반적인 생각은 사실 잘못 되어있다.

그 복음을 전할만큼 교회가 영적으로 되어 있는가가 첫째 의무이다.

쇠퇴하고 변질된 기독교를 이방 나라에 전하는 것은

그리스도의 명령을 성취하는 것이 아니기 때문이다."

─ A. W. 토저 ─